Berge, Palmen, Seen: Die Tessiner Landschaft gehört zu den schönsten und faszinierendsten Regionen Europas. Seit Mitte des 19. Jahrhunderts zog es auch immer wieder namhafte Künstler und Literaten in den Schweizer Kanton. Manche blieben nur eine kurze Zeit, wie Thomas Mann und Bertolt Brecht, die vor den Nationalsozialisten in die neutrale Schweiz flüchteten, Stefan George, der hier die letzten Wochen seines Lebens verbrachte, oder Kurt Tucholsky. Andere machten das Tessin zu ihrer Wahlheimat und fanden hier ein neues Zuhause, so Hermann Hesse, Max Frisch, Alfred Andersch und Patricia Highsmith.

Das kleine Fischerdorf Ascona wurde zu Beginn des 20. Jahrhunderts zu einer Enklave der Zürcher Boheme: Alexej Jawlensky, Marianne Werefkin, Ivan und Claire Goll, Hugo Ball und Else Lasker-Schüler warteten hier auf das Ende des Ersten Weltkriegs.

Der Band führt den Leser auf den Spuren der zahlreichen prominenten Besucher durch das Tessin: zum Lago Maggiore und zum Luganer See, zu den Brissago-Inseln, nach Locarno, Minusio, Ascona und Montagnola und in zahlreiche traditionelle Bergdörfer fernab von den touristischen Zentren. Von dort geht es weiter bis zur italienischen Grenze.

Farbige Fotografien illustrieren den Band und vermitteln einen Eindruck vom Zauber und der Schönheit der Landschaft. Ein Serviceteil stellt die wichtigsten Adressen bereit.

insel taschenbuch 3003

Tessin

Die Pfarrkirche San Abbondio in Gentilino

Tessin

Ein Reisebegleiter

Von Uwe Ramlow
Mit farbigen Fotografien

Viel Freude beim Lesen
und Wiederentdecken.
Mit besten Grüßen, Jens
Uwe Ramlow
Mai 2008

Insel Verlag

insel taschenbuch 3003
Erste Auflage 2005

Hinweise zu dieser Ausgabe am Schluß des Bandes
Vertrieb durch den Suhrkamp Taschenbuch Verlag
Umschlag: Elke Dörr
Satz: Hümmer GmbH, Waldbüttelbrunn
Druck: Memminger MedienCentrum
Printed in Germany
ISBN 3-458-34703-8

1 2 3 4 5 6 – 10 09 08 07 06 05

Inhalt

Einleitung

Der Lago Maggiore ist die »nördlichste Bucht des Mittelmeeres«. Jenes geographisch irritierende Bild entwarf der Mythenforscher Karl Kerényi, der im Tessin jene landschaftlichen Reize vereinigt sah, die man eigentlich viel weiter südlich erwartete. Er gehörte zu den zahlreichen prominenten Besuchern aus dem deutschsprachigen Raum, die spätestens seit dem 20. Jahrhundert die Südschweiz entdeckten. Ein anderer jener zahlreichen und prominenten Besucher ließ sich im Tessin bereits zu Beginn des 20. Jahrhunderts dauerhaft nieder. Hermann Hesse machte den Luganer See 1919 zu seiner Wahlheimat.

Das Tessin ist ein Sonderfall für die hier so zahlreich versammelten Namen von Künstlern und Literaten. Wenige Kilometer südlich befindet sich die italienische Grenze, wo schließlich, wie von einem herunterfallenden Schlagbaum abgeschnitten, die unendliche Namensliste abrupt endet.

Unser Buch führt seine Leser auf verschiedenen Reiserouten an die beiden großen Seen, den Lago Maggiore und den Luganer See, wie auch in zahlreiche Bergdörfer, die sich in den entlegenen Winkeln der Täler nicht selten Ruhe und Abgeschiedenheit von den touristischen Zentren bewahrt haben.

Die erste Etappe unserer Reise beginnt mit der Anreise selbst, die uns durch die Hochalpen über den Gotthard führt.

Reiseberichte seit dem 18. Jahrhundert erzählen von den Wunderlichkeiten jener karstigen Bergwelt, die so manchen in Faszination und Schrecken versetzte. Über die sogenannte Teufelsbrücke, eine steinerne Brücke in der Nähe des Gotthards, die in der Schöllenschlucht über die Reuss führte, schrieb Johann Heinrich Meyer, Kunstexperte und Goethes Freund in *Malerische Reise in die italienische Schweiz* (1798):

»Aber die Kluft ist schauerlich, die sie umgibt. Mit rasender Wuth stürzt hier an der Seite des Wandrers die Reuss herab, und ihr donnerndes Gebrülle, das an den Felswänden widerhallt, benimmt jedem die Sprache; und wenn man jenseits der Brüke bey höherm Steigen zurücksieht, so überschaut das Auge mit einmal den ganzen grauenvollen Abgrund. (...) Kein Wunder, wenn in der Vorzeit die Einbildungskraft des einsamen Hirten, oder des erschrekten Wandrers, diese Felsenwüste mit bösen Dämonen belebte, ein graubemoostes antikes Werk.«

Der hier beschriebene Ort wäre, wenn es bereits zu dieser Zeit Reiseführer gegeben hätte, als besondere Sehenswürdigkeit vermerkt worden. Es gab kaum einen Reisenden, der nicht von jenem Naturschauspiel beeindruckt war und darüber berichtete. Auch der britische Landschaftsmaler William Turner, der die Alpen mehrmals bereiste, hat jene Stelle auf die Leinwand gebannt.

Von dort ist unser Ziel nicht mehr weit, denn wir nähern uns Göschenen, dem letzten Ort kurz vor dem Übergang in das Tessin. Im benachbarten Airolo beginnt der italienische Sprachraum, wir sind aber immer noch in der Schweiz.

Kulturgeographische Beschreibungen über das Tessin aus dieser Zeit sind selten. Die Texte Viktor von Bonstettens, der im offiziellen Auftrag der Berner Regierung zwischen 1795 und 1797 die dortigen Landvogteien besuchte und dessen Beobachtungen in *Briefe über die italienischen Ämter* später veröffentlicht wurden, gehören noch heute zu den interessantesten und lesenswerten über die Region.

Mit dem Beginn des Fremdenverkehrs im 19. Jahrhundert nahm schließlich auch die Zahl der Tessin-Besucher zu, denn die Anreise über die Alpen wurde schneller und bequemer: Die Gotthardstraße entstand in der ersten Hälfte des 19. Jahrhunderts. Es folgte das technische Wunderwerk des Gotthardtunnels und damit das beschleunigte Reisen im Eisenbahnzeitalter.

Mit dem Tourismus erlebte auch die Immobilienbranche eine Hochkonjunktur. Der Blick auf den See war begehrt. Die Suche nach Zweitwohnsitzen führte nach 1945 zahlreiche Bauherren an die einst freien Plätze am Luganer See oder dem Lago Maggiore, von denen die meisten aus Deutschland und der Schweiz kamen. Das Tessin entwikkelte sich vor allem für die nördliche Schweiz zu einem Naherholungsgebiet, denn schließlich fährt man heute in nur drei bis vier Autostunden an die beiden großen Seen. Das Tessin, »(...) das liegt nicht am Ende der Welt«, wußte bereits Max Frisch in *Montauk* zu berichten, der nicht selten mit seinem Auto zwischen Zürich und Tessin pendelte.

Der Bedarf an exklusiven Villen oder kleineren Ferienhäusern schien lange Zeit ungebrochen. Das Tessin ist, trotz zahlreicher Bausünden der Vergangenheit, auch heute noch eine Reise wert. Vielleicht weil hier die Sonne etwas länger scheint. Kein Klischee trifft mehr auf das Tessin zu wie das Bild der »Sonnenstube«, das nicht erst vom modernen Tourismus erfunden wurde. »Im Tessin gibt es nur schönes Wetter«, befand etwas spöttisch der Schriftsteller Hugo Ball während seines Aufenthaltes am Lago Maggiore zum Ende des Ersten Weltkriegs.

So sind diesbezüglich manche Erwartungen vielleicht ein wenig zu hoch, wie sie auch Hermann Hesse 1901 auf einer seiner ersten Reisen ins Tessin hatte. Gleich hinter dem

Gotthard erwartete er den Süden und damit schönes Wetter:

»Hallo, nun brennt mir wieder
Die Sonne auf den Hut,
Und jüngt mir alle Glieder
Und heizt mein träges Blut«

Wie aus jenem trivialen Thema auch Literatur entstehen kann, zeigte der Schweizer Schriftsteller Max Frisch. In seinem Haus, im kleinen Tessiner Bergdorf Berzona gelegen, schrieb er die Geschichte eines endlosen Regens nieder. *Der Mensch erscheint im Holozän* ist das Ergebnis jenes Dauerregens, der sicherlich zu den Alpträumen aller Besucher gehört und von dem unsere Leser hoffentlich verschont bleiben.

Das milde Klima, die Landschaft, eingebettet zwischen Seen, Bergen und mediterraner Pflanzenwelt, blieb lange Zeit ideal für arkadische Sehnsüchte. Mircea Eliade, der gemeinsam mit Karl Kerényi an den legendären Eranos-Tagungen in Ascona teilnahm, sprach einst vom »heiligen Land«.

Fern solcher Bilder sind die Gründe zahlreicher Schriftsteller und Künstler zu verstehen, die während des Ersten Weltkriegs Deutschland verließen und in die Schweiz emigrierten. Viele von ihnen strandeten für eine Zeit an den Ufern des Lago Maggiore. Das kleine Fischerdorf Ascona entwikkelte sich in diesen Tagen zu einer kleinen Enklave der Züricher Boheme, deren Vertreter hier auf das Ende des Krieges warteten. Unter ihnen befanden sich auch die expressionistischen Künstler Alexej Jawlensky und Marianne Werefkin, das Schriftstellerpaar Ivan und Claire Goll, Hugo Ball sowie Else Lasker-Schüler.

Auch 1933 fanden wieder zahlreiche Flüchtlinge aus dem nationalsozialistischen Deutschland den Weg in die neutrale Schweiz. Zwei prominente Namen stehen stellvertretend für viele: Thomas Mann und Bertolt Brecht gastierten für wenige Wochen am Luganer See, um ihren weiteren Weg in die Emigration zu planen. Die Flucht in die Schweiz war für die meisten nicht so prominenten Schriftsteller keine unbedeutende, formale Antragstellung. Viele von ihnen wurden abgewiesen. Für die erfolgreichen Antragsteller bedeutete der Aufenthalt in der Regel Arbeitsverbot, Unsicherheit und bittere Armut.

Eine Reiseetappe führt uns nach Ascona. Die Geschichte des einst unbekannten Fischerdorfes ist bemerkenswert. Kein anderer Ort im Tessin besitzt jenen legendären Ruf eines »Weltdorfes«, das mit seiner umfangreichen Gästeliste konkurrenzlos geblieben ist. Am Anfang seiner Geschichte stehen Namen wie Henry Oedenkoven oder Ida Hofmann, die auf einer Wanderschaft durch Oberitalien jenen Ort fanden, um im Jahr 1900 eine lebensreformerische Siedlung zu gründen. Der Monte Verità, Berg der Wahrheit, ist inzwischen Legende und Mythos zugleich, wie auch die Ideale seiner Gründer längst Geschichte sind. Ihre Wirkungsstätte befindet sich auf dem Gelände des Berges, das sich oberhalb des alten Ortskernes von Ascona ausbreitet. Ein kleines Museum erinnert an die Pioniere des vegetarischen Kurbetriebes.

Die Liste der Personen, die die kulturelle Bühne des kleinen Dorfes betraten, ist lang. Namen wie Richard Seewald, Charlotte Bara, Marianne Werefkin, Mischa und Ignaz Epper, Erich Maria Remarque oder Carl Weidemeyer stehen für viele, deren Wege sich irgendwann im Dorf kreuzten.

Nicht zu vergessen die Nachfahren des Monte Verità mit dem Hotel gleichen Namens. Der Bankier Eduard von der Heydt kaufte zum Ende der zwanziger Jahre das Gelände auf und ließ einen Hotelneubau errichten. Emil Fahrenkamp, ein junger und ehrgeiziger Architekt, der mit dem Bau den Anschluß an die klassische Moderne suchte, entwarf es in einem schnörkellosen und funktionalen Stil.
Eine neue Generation von Hotelgästen fand sich ein, die den gehobenen und mondänen Standards jener Branche entsprachen. Die Zeichen für eine neue Zeit waren unverkennbar gesetzt. Seit den fünfziger Jahren erhielt Ascona weiteren Zuwachs namhafter Bewohner. Ihre Namen wie beispielsweise Freddy Quinn, Roy Black oder Helmut Zacharias erinnern an die großen Tage der Unterhaltungsindustrie sowie an einen berühmten Autotyp mit dem gleichen Namen des Ortes. Ascona wurde zum Sinnbild für Aufschwung und Nachkriegseuphorie.

Noch einmal zu Hermann Hesse. Wir finden seinen Aufenthaltsort während eines Ausflugs an den Luganer See. Den Schriftsteller zog es 1919 endgültig in das Tessin nach Montagnola, wo er die Casa Camuzzi zu einer Pilgerstätte seiner Leser machte. Ein Schild »Keine Besuche bitte« ließ der Schriftsteller in späteren Jahren vor dem Eingang seines zweiten Wohnhauses anbringen. Erwünscht sind Besucher heute im Torre Camuzzi, dem Anbau der alten Villa, wo sich heute das Hermann-Hesse-Museum befindet.

Einige Ausflüge führen uns in die abgelegenen Tessiner Bergtäler. Das perfekte Schweizer Postbussystem sorgt dafür, daß auch die nicht automobilen Leser ihr Ziel erreichen, wie beispielsweise in Aurigeno, wo die Schriftstellerin Patricia Highsmith seit den achtziger Jahren im Maggia-Tal lebte. Es geht auch in das Onsernone-Tal, eines der schönsten Ziele für Wanderfreudige, die hier auf die Namen von Alfred Andersch, den bereits genannten Max Frisch oder Golo Mann treffen. In manchen dieser abgeschiedenen Täler scheint noch heute die Zeit etwas langsamer zu gehen. Hier geht es weiter bis zur italienischen Grenze, wo einst der Schmuggel blühte.

Das Tessin ist noch heute eine Reise wert, auch wenn viele der aufgezählten Namen nur noch Erinnerung an ein vergangenes, turbulentes Jahrhundert sind und ihre Spuren langsam verblassen. Es ist immer noch eine bezaubernde Landschaft, die selbst in Ausnahmefällen, wie bei lang anhaltenden Regengüssen, nicht unansehnlich wird. Und wenn es doch einmal naß werden sollte, so bleibt eben ein wenig mehr Zeit zum Lesen. Dazu verhilft auch eine Bibliographie mit einer Auswahl von Literatur über das Tessin am Ende des Buches. Der Autor wünscht eine schöne Reise.

Steinerne Landschaft am Gotthard

Anreise – Der Weg durch die Alpen ins Tessin

Zürich · Luzern · Brunnen · Flüelen
Altdorf · Wassen · Göschenen · Airolo
Bellinzona · Locarno

Im 18. Jahrhundert gehörte das Tessin noch lange nicht zu den populären Reisezielen. Die klassischen Bildungsreisenden pilgerten vor allem nach Rom, wo sie die Ruinen einer vergangenen Zeit suchten, deren Anblick zu den bedeutenden Augenblicken einer geschichtshungrigen Antikenbegeisterung gehörte. Die Routen nach Italien führten in der Regel zwar durch das Hochgebirge, aber zumeist am Tessin vorbei. Der berühmteste deutsche Italienbesucher Johann Wolfgang von Goethe benutzte, wie viele seinerzeit, den komfortableren Weg über den Brenner. Selten benutzte man die Strecke über den Gotthard, denn diese galt als unsicher und gefährlich.
Unsere Reise ins Tessin beginnt ohne die Unbequemlichkeiten und Unwägbarkeiten, die man vor der automobilen Zeitrechnung auf sich nehmen mußte. Sie führt uns über glatt asphaltierte Straßen oder auf dem gut ausgebauten Schienennetz dem Ziel entgegen.

Noch im 18. Jahrhundert galten die Alpen als sperriges Hindernis. Wie eine undurchdringliche Mauer wirkte das Hochgebirge auf die Reisenden zu jener Zeit. Man fürchtete nicht nur verschneite Pässe oder Lawinen, sondern auch den bloßen Anblick des alpinen Naturschauspiels. Von den »Scheußlichkeiten der Alpen« sprach bereits Livius, der antike Autor Roms.
In Johnsons *Dictionary* von 1775 liest man noch von

»krankhaften Auswüchsen« und »unnatürlichen Geschwülsten der Erdoberfläche«.
Vom Reisenden Johann Conrad Füesslin hören wir in seiner *Staats- und Erdbeschreibung der schweizerischen Eidgenossenschaft*:
»Was siehet man da? Nichts als scheusliche Berge, zwischen denselbigen ein schönes Kloster, aber (...) keine Gärten, keine Fruchtbäume, keine das Auge belustigende Felder sind da.«
Bildungsreisende entdeckten die Alpen nun aber auch aus einer anderen Perspektive: »Große schweizerische Bilder steigen in mir auf, ich durchstreife noch einmal dieses Land der großen Natur und der reinen Menschheit (...), höre in fruchtbaren Tälern das Geläute von Herden, von welchen sich nähren die glücklichsten und besten Menschen, Menschen frei wie die Adler und einfältig wie die Tauben«, schwärmte Graf Friedrich Leopold Stolberg 1775 über das Land der großen Berge und bäuerlichen Lebensweisen, fern von den Zwängen der modernen Welt.
Die Sehnsucht nach ursprünglicher Natur trieb nicht wenige Reisende mit großen Erwartungen in die Alpen. Auch Johann Wolfgang von Goethe führte es 1775 auf seiner ersten Schweizer Reise von Zürich aus in die entlegenen Gebiete des Gotthards. Er gelangte bis an die Grenze zum Tessin, lange bevor er dem inneren Ruf nach Italien folgte.
Ihn führte es auch in das geographische Dreieck des Rüetli-Schwurs zwischen Schwyz, Unterwalden und Uri. Weiter ging es über Brunnen, Flüelen nach Altdorf. An seiner Seite befand sich der ortskundige Jakob Ludwig Passavant. Im kleinen Bergdorf Wassen machten sie Station. Notgedrungen verzichtete der junge Dichter und Notar hier auf so manche Annehmlichkeiten des vertrauten Frankfurter Elternhauses und bemängelte die schlechte Qualität des Weines:

»Um halb acht gelangten wir nach Wasen, wo wir, uns mit dem rothen, schweren, sauren lombardischen Wein zu erquicken, erst mit Wasser nachhelfen und mit vielem Zukker das Ingrediens ersetzen mußten, was die Natur in der Traube auszukochen versagt hatte.«

Goethe und sein Begleiter verbrachten die Nacht in Wassen. Unser Zug fährt ohne Halt durch den Ort hindurch. Die Pfarrkirche, die auf einem Hügel am Rande des Dorfes thront, fliegt an unserem Abteilfenster vorbei. Die Bahn verschwindet immer häufiger in den zahlreichen Röhren, die seit dem 19. Jahrhundert in die Bergwelt gesprengt wurden. Die Gipfel werden allmählich höher und rücken näher an die Schienen heran, auf denen sich der Zug seinen Weg durch die schmalen Felswände bahnt. Sturzartig ergießt sich das Wasser von den Felsen nach unten. Noch sieht man die typischen Schweizer Chalets, die bäuerlichen Höfe aus Holz und Satteldächern, die sich vereinzelt zwischen den schroffen Berghängen behaupten. Wir sind bereits in »Tuchfühlung« mit den Bergen des Gotthards.

Goethe und Passavant machten sich am nächsten Morgen von Wassen aus weiter auf den Weg hinauf zur Teufelsbrücke und schließlich zum Urseren Loch. »Hier kostet es der Einbildungskraft nicht viel, sich Drachennester in den Klüften zu denken«, erinnerte sich der Dichter an die Etappe seiner Reise.

Die Brücke, die beide überquerten, gibt es nicht mehr. Im 19. Jahrhundert zerstörte sie ein Unwetter. Wer heute hier entlangwandert, findet zwei neue vor, von denen die jüngste 1958 gebaut wurde und heute mehrspurig ist.

Als bedeutende Handelswege zwischen Nord und Süd waren die Pässe über den Gotthard und damit auch über die Teufelsbrücke immer wieder von besonderer Bedeutung im Spiel der politischen Mächte. Truppen der Eidgenossen von Uri und Unterwalden versuchten 1422 hier die direkte Alpenverbindung unter ihre Kontrolle zu bringen und wurden noch einmal zurückgedrängt. Im Jahr 1516 waren sie in ihrem Marsch über den Gotthard endlich erfolgreich, und das Tessin wurde helvetisch. Große politische Ereignisse auf dem Gotthard beschrieb der *Baedeker* für das Jahr 1799, nachdem die napoleonischen Truppen ein Jahr vorher in die Schweiz drängten, um die Helvetische Republik nach französischen Vorbildern zu gründen. Schauplatz war auch diesmal wieder die Teufelsbrücke, wo sich die feindlichen Truppen nicht unbedingt freundlich begrüßten.

»Am 14. August kämpften hier Franzosen gegen Österreicher (...) Suworow war nach heftigen Kämpfen (...) über den Gotthard gekommen (...) Am Morgen des 25. Sept. forcirten die Russen unter großen Verlusten die Passage durch das Urner Loch, fanden sich aber aufs neue an der von den Franzosen hartnäckig vertheidigten Teufelsbrükke gehemmt ...«

Die Brücke wurde seinerzeit stark beschädigt und somit für eine Weile unpassierbar. Ein Denkmal erinnert in der Nähe der Brücke an jenes Gemetzel.

Für Goethe und andere Reisende seiner Zeit war die Berggruppe des Gotthards wie geschaffen für besondere Erwartungen und heroische Bilder. Der Dichter sprach während seiner zweiten Schweizer Reise 1779 vom »Rang eines königlichen Gebirges«; andere huldigten den Ort als »Belle Etage« der Alpen. Der Blick auf das Hochgebirge war seinerzeit exklusiv und nur wenigen Zeitgenossen vergönnt. Reiseberichte gehörten zu den wenigen Medien, die zumindest aus zweiter Hand den Lesern einen Blick auf jene Urgewalten aus Stein ermöglichten. Im Zeitalter ihrer endlosen Vervielfältigung scheint der Blick auf dieselbe Landschaft beliebiger und nüchterner geworden zu sein. Patricia Highsmith, die seit den achtziger Jahren im Tessin lebte, war sich dessen bewußt. In ihrem Essay *Untergetaucht im Tessin* schrieb sie: »Diese Alpen sind zu oft fotografiert worden, so daß sie rätselhaft langweilig wurden wie Beethovens Fünfte. Ein Mann aus der Wüste mag sie anstarren wie Wunder, diese von keinem Menschen versehrten Grate, die ihren Schnee bis weit in den Juni aufheben, wie um ihre Höhe zu betonen. Aber wenn man sie jeden Tag vor Augen hat, werden sie banale Kulisse, und man fängt an, ihnen übelzunehmen, daß sie die Sonne blokkieren.«

Die Besonderheit des Gotthards erklärt sich aber auch auf andere Weise. Die hier befindliche Paßhöhe war auch Grenze und Übergang für die Reise in den Süden. Johann Wolfgang von Goethe würdigte den Ort 1775 mit einer Zeichnung, die er mit »Scheide Blicke nach Italien vom Gotthard« betitelte.
Die Skizze entstand, als Goethe und Passavant das Hospiz auf dem Gotthard verließen und ihren Weg bis zu jenem Punkt fortsetzten, wo der wieder absteigende Weg nach Airolo begann.
»Die Wanderung durch diese Schluchten hinab muß herrlich sein und mühelos, und wann sich's dann bei Bellinzona öffnen mag, was würde das für eine Lust sein! Die Inseln des großen Sees sind mir durch die Worte des Paters wieder lebendig in die Seele getreten. Man hat seit Keißlers Reisen so viel davon gehört und gesehen, daß ich der Versuchung nicht widerstehen kann.«
Mit diesen Worten bemühte sich Goethes Begleiter, den Dichter für den weiteren Abstieg in das Tessin zu gewinnen. Erfolglos, denn Goethe wollte nicht weiter. Gerade

hier erinnert er sich seiner Verlobten Lili Schönemann sowie der vertrauten Kraft der Heimat. Der Ruf nach Italien verhallte noch ungehört, und er ging den Weg zurück.
Manche huldigten dem Ort des Übergangs, ohne ihn jemals gesehen zu haben. Friedrich Schiller studierte sorgfältig die Reiseberichte seiner Zeit und beklebte die Wände seines Arbeitszimmers für seine Vorarbeiten zu Wilhelm Tell.

»So immer steigend kommt Ihr auf die Höhen
Des Gotthards, wo die ew'gen Seen sind,
Die von des Himmels Strömen selbst sich füllen.
Dort nehmt Ihr Abschied von der deutschen Erde,
Und muntern Laufs führt Euch ein andrer Strom
Ins Land Italien hinab, Euch das gelobte (...)«.

Soweit die Worte des prominenten Dramatikers.
Die meisten Reisenden, die zu Fuß oder mit Pferden ihren Weg durch die Berge suchten, blieben anonym. Ein kompletter Berufsstand lebte von der Unsicherheit des Reiseverkehrs durch die Hochalpen: Die Säumer waren die Führer der Gebirgskarawanen, die mit ihrem Wissen um Wegstrecken, Lawinengefahren und Wettereinbrüche den Handelsverkehr zwischen Nord und Süd hin- und herbewegten. Johann Georg Sulzer, den es 1778 zum Gotthard führte, ist ihnen begegnet:
»Mir begegneten viel Säumer auf dem Weg, und ich lernte, aber zu spät, von ihnen, wie man sich diese Reise über den Schnee erleichtern könne. Jeder Säumer geht mit einem Spaten vor seinem Pferde her, und wo er den Schnee weich, oder eingetretene Löcher darin findet, füllt er den Weg mit frischem Schnee aus, den er fest einstampft, und so sinken seine, wiewol schwer beladenen Pferde selten ein.«
Komfortabler reiste man seit dem Jahr 1831. Auf der neu

gebauten Gotthardstraße, geplant durch den Ingenieur Francesco Meschini, begann das furiose Tempo der Postkutschenzeit auch die hier vormals schwer zugänglichen Gebiete zu erreichen. Damit verschwanden auch die Säumer im Nebel der historischen Erinnerung. Der Transitverkehr nahm auf bislang ungeahnte Weise zu. Heute ist die alte Straße für den Handels- und Transitverkehr bedeutungslos. Empfehlenswert ist diese Strecke vielleicht gerade deshalb, denn der Autoverkehr findet woanders statt, und mit ihren Aus- und Weitblicken gehört sie vielleicht zu den schönsten Varianten der Anreise. Man kommt nur etwas später ans Ziel.

Zwischen dem Bau der alten Straße und dem modernen Autobahnzeitalter fehlt noch etwas. 1872 nahmen am Gotthard große Ereignisse ihren Lauf. Hier begann ein Jahrhundertprojekt, von dem die Reisenden der Vorzeit kaum zu träumen gewagt hätten: der Bau des Gotthardtunnels. Man bohrte und sprengte sich von zwei Seiten in den Berg hinein: Auf der Nordseite der Alpen begann man bei Göschenen, im Süden bei Airolo, wo das Tessin beginnt. Diesem Anlaß widmete August Strindberg die Geschichte *Das Märchen vom Sankt Gotthard.*
»Es war jetzt, wie man wusste, nicht so schwer, ein Loch durch die Klippe zu machen; es sollten aber zwei Löcher gesprengt werden, eins von jeder Seite; und die beiden Löcher sollten einander treffen, genau wie ein Nagel, und daran glaubte niemand, denn es war eine und eine halbe Meile zu sprengen. Eine und eine halbe Meile! ›Wie, wenn sie sich nicht treffen! Dann müssen sie von neuem beginnen!‹« fragte sich Andrea, der Protagonist in Strindbergs Märchen. Er ist einer der zahlreichen Tunnelarbeiter aus dem Tessin und am Ende seiner Arbeit auch auf sehr persön-

liche Weise erfolgreich. Acht Jahre bohrte er sich beharrlich wie viele andere Saisonarbeiter durch den Berg. Er wühlte sich allerdings auch durch den Fels, um zu seinem Mädchen auf der Göschener Seite zu kommen. »Schlag sieben, am 29. Februar 1880, fiel er vornüber gegen den Bohrer, der mitten durch die Bergwand flog.«

Der Durchbruch war gelungen, und man hatte sich getroffen, im doppelten Sinn: »Da, nach einem kurzen Seufzer an den Allerbarmer, legte er den Mund ans Bohrloch, flüsterte, so dass es niemand hörte ›Gertrud‹.«

Etwas nüchterner klingen die Worte von H. A. Berlepsch in seinem Reiseführer *Die Gotthard-Bahn und die italienischen Seen* (1883):

»Der Tunneldurchbruch erfolgte am 29. Februar 1880 bei genauem Eintreffen von Richtung und Höhenlage, nachdem man schon bei einer Distanz von circa 400 Metern die Schüsse auf der anderen Seite vernahm.«

Das Jahrhundertprojekt des Tunnels war auch ein finanziell gigantischer gemeinsamer Kraftakt von Deutschland, Schweiz und Italien, der ein riesiges Investitionsvolumen verschlang. Hunderte von Maurern, Handlangern, Fuhrleuten und Laufburschen, die vor allem aus Italien und Südtirol kamen, strömten in jenen Tagen zu einer der größten Baustellen Europas.

»Es möge bei dieser Gelegenheit bemerkt sein, dass im Winter 1880/81 gleichzeitig durchschnittlich 850 Arbeiter im Tunnel arbeiteten und 22 Pferde sich darin aufhielten. In 24 Stunden wurden durchschnittlich 360 kg Dynamit verschossen, und gleichzeitig brannten 830 Lampen im Tunnel«, wußte Berlepsch zu berichten.

Die Arbeits- und Aufenthaltsbedingungen waren für die Arbeiter des Mammutprojektes verheerend. Im Drei-Schicht-Betrieb teilten sich die Tunnelarbeiter dasselbe Bett. Die

gesundheitlichen Folgen, Epidemien und Unfälle lassen sich aus den folgenden Zeilen nur erahnen:
»Sehr viele holten sich einen siechen Leib und frühzeitigen Tod; die erhebliche Anzahl von 187 Mann wurde durch Unglücksfälle (Explosionen, herabfallende Felsstükke, Ueberfahren mit dem Zug etc) getödtet; (...).«
Selbst der Chefingenieur des großen Projektes, Louis Favre, überlebte das Projekt nicht. Im noch nicht vollendeten Tunnel starb er an einem Herzschlag. In Göschenen hat man ihm ein Denkmal gesetzt.
Am 1. Januar 1882 war es dann endlich soweit. Die ersten schnaufenden und qualmenden Dampfloks, zunächst vier Züge pro Tag, fuhren durch die fertiggestellten Röhren.

Man feierte den Bau des Tunnels, seinerzeit das wohl bedeutendste Eisenbahnprojekt in Europa, als kühne Großtat. Ein Blick zurück verdeutlicht auch die ökonomischen Zwänge, die den Schweizern gar keine Wahl ließen, wenn sie sich nicht innerhalb kurzer Zeit von der sich furios entwickelnden Bühne des beschleunigten Warenverkehrs zwischen Nord und Süd verabschieden wollten. Die Brenner-Eisenbahn qualmte bereits seit 1867 durch Österreich, und vier Jahre später fuhr die erste Lok durch den Mont-Cenis-Tunnel zwischen Frankreich und Italien. Die Schweizer wußten um die Vorteile der Gotthardstrecke, die zukünftig die schnellste und kürzeste Alpenverbindung herstellen sollte. Damit rückte auch das Tessin aus seiner Isolation heraus und näher an die Schweizer Zentren heran. Die Fortschrittseuphorie jener internationalen Grabung ist inzwischen abgeklungen, denn die Berge sind hier nachhaltig im Laufe der Zeit für den Transitverkehr wie ein Schweizer Käse durchsiebt. Es vergeht dennoch kaum ein Jahrzehnt, in dem nicht neue Ausbaupläne Naturschützern

und Alpenbewohnern das Fürchten lehren. Seit einiger Zeit wird wieder neu gegraben: Der im Bau befindliche neue Gotthard-Basistunnel ist auf 57 Kilometer Länge geplant und soll bis 2015 fertig sein.
Der Schweizer Schriftsteller Adolf Muschg erinnert sich an eine Fahrt im zarten Kindesalter und berichtete in *Der St. Gotthard und sein Teufel* über sein persönliches Übergangserlebnis:
»(...) auf einmal öffnete sich der Himmel über dem Zug. Es war ein anderer, wenn auch nicht *ganz* anderer Himmel, der sich über bequemer gelagertem Hochgebirge plötzlich ins Blaue klärte. ›Albergo‹ stand an einem rosafarbenen Kasten, und ›Airolo‹ an der nächsten Station. Ja, dies war jetzt italienisch, aber Italien war es nicht. Wir waren im Tessin, immer noch unserem Land. Und als wir noch weiter hineinfuhren, versuchte ich mein Heimatgefühl an den granitenen Wänden, von denen die Wasserfälle niederstürzten. Ich wollte glauben, daß dies die andere Seite desselben Gotthard war. Jetzt durften auch die Fenster wieder geöffnet, die Luft hereingelassen werden, die mir in lauen Stößen gegen das Gesicht prallte.«
Adolf Muschg hatte seinerzeit mit dem Wetter auch ein bißchen Glück gehabt, denn der Himmel klärt sich am Ausgang des Tunnels nicht zwangsläufig ins Blaue, obwohl sich solche Erwartungen bisweilen hartnäckig halten. Das Klischee der Tessiner Sonnenstube veranlaßte die Schriftstellerin Emmy Ball-Hennigs in *Die Sonne im südlichen Tessin* zu feiner Ironie:
»Die Sonne muß gehörig Wärme und Licht auf Wein- und Maisfelder, auf hohe waldreiche Berge säen, muß über jeden Wasserfall und über jeden See tändeln. Tut sie das einmal nicht und ist der Himmel in Airolo, der ersten Tessiner Station, einmal bewölkt, ist das Gesicht des Reisenden über-

aus enttäuscht, ja, aufs höchste überrascht. Was bedeutet das nur? Die Sonne scheint nicht? (Unter uns gesagt, es schüttet vom Himmel, was nur herunter will: Regen, Regen, Regen ...).«

Schließlich stimmte die Autorin auch wieder ein wenig versöhnlich, auch wenn sich das Wasser wieder einmal von oben am Ausgang des Tunnels bei Airolo über uns ergießt:

»Sie scheint gar nicht mehr als anderswo. Es kommt nur darauf an, wie und was sie beleuchtet.«

Kein Grund zu verzagen, denn wir sitzen schließlich im trockenen Abteil und versuchen, nachdem wir aus dem Tunnel gekommen sind, einen Blick auf Airolo zu erhaschen. Das ist nicht einfach, denn der Ort ist klein, und der Zug läßt ihn in wenigen Sekunden hinter sich. Der erste Blick fällt auf die Autobahn, und gleich darauf fliegt das Bahnhofsschild Airolo an uns vorüber. In früheren Zeiten suchten hier unzählige Handelsreisende zwischen Nord und Süd im Ort ihr Quartier, bevor sie den beschwerlichen Weg über den Gotthardpaß antraten. Vor etwas über zweihundert Jahren wäre uns hier vielleicht auch Johann Gottfried Seume entgegengekommen. Sein *Spaziergang nach Syrakus* führte ihn fast am Ende seiner Reise über Mailand und den Lago Maggiore schließlich zu Fuß über Bellinzona nach Airolo.

»Airolo ist jetzt der letzte italienische Ort, und diesseits des Berges in Sankt Ursel ist man wieder bei den Deutschen. Zwei Tage war ich beständig bergauf gegangen; Du kannst also denken, daß der Ort schon auf einer beträchtlichen Höhe steht. Rundumher sind Schneegebirge, und der Tessin bricht rauschend von den verschiedenen Abteilungen des Berges herab. Ich schlief unter einem Gewitter ein; ein majestätisches Schauspiel hier in den Schluchten der höchsten Alpen. Der Donner brach sich an den hohen Felsenschädeln und rollte sodann furchtbar in das Tal hinunter, durch das ich heraufgekommen war. Ein solches Echo hörst Du freilich nicht auf der Ebene von Lützen.«

Auch er blieb vom Regen nicht verschont und hatte noch obendrein das nicht alltägliche Schauspiel eines Gewitters mit allem Drum und Dran geboten bekommen.

Wir sind nun im Tessin. Unser Weg führt nun unausweichlich wieder langsam nach unten und auf den Lago Maggiore zu. Für Reisende mit Lust auf Höhenluft und Weitblicken empfiehlt sich hier ein wunderschöner Höhenwanderweg nach Biasca, das am Scheitelpunkt der alten Gotthard- und Lukmanierpässe liegt.

Ein Blick in die Tessiner Geschichte zeigt, daß die hier befindlichen Handelswege noch im 14. Jahrhundert vom Mailänder Adel kontrolliert wurden. Mit dem sogenannten »Ewigen Frieden von Fribourg« 1516 begann hier die Schweizer Geschichtsschreibung. Das nach dem gleichnamigen Fluß benannte Tessin war seitdem Untertanengebiet. Eidgenössische Vögte waren die Vollzugspersonen der Regierung für die weit entfernt liegenden Tessiner Orte. Während man sprachlich mit dem italienischen Nachbarland verbunden blieb, setzte die politische Zugehörigkeit andere Grenzen. Die Tessiner sind bis heute Schweizer geblieben. Auch nach dem Einmarsch der napoleonischen Truppen 1798 setzten sich weder separatistische Ideen noch der mancherorts bekundete Willen nach einer politischen Zugehörigkeit zu Italien durch. Selbst das politische Kunstprodukt der »Cisalpinen Republik«, für Norditalien aus dem napoleonischen Frankreich angedacht, blieb ohne Einfluß auf die Tessiner Entwicklung. In Lugano verhinderten in jener Zeit geistesgegen-

wärtige Bürger ein Übergreifen der neuen Republik, deren Soldaten von Italien über den See gerudert kamen und von städtischen Bürgern wieder vertrieben wurden. Mit Patriotismus errichteten sie einen Freiheitsbaum, der über ihre Zugehörigkeit keinen Zweifel ließ, schrieb der Journalist Beat Allenbach in *Tessin. Bilder eines Lebensraumes.*
»Sie wollten liberi e svizzeri sein, frei und Schweizer, verkündeten am Ende des 18. Jahrhunderts die Tessiner; (...). Man sollte genau hinhören: nicht freie Schweizer, sondern frei und Schweizer. Das erste bezog sich auf den bisherigen Stand als Untertanen, das zweite bezog sich auf eine damals völlig neu entworfene Schweiz«, präzisierte Markus Kutter in *Die Schweizer und die Deutschen* den historischen Sachverhalt.
Einen Tessiner Wilhelm Tell hat es weder in der Realität noch als Mythos gegeben. Die neue Verfassung von 1803 ermöglichte die Gleichberechtigung der Schweizer Kantone in einem gemeinsamen Verbund. Nach außen suggerierte der neue Kantonsname für das Tessin nun Einheitlichkeit. Die Realität blieb aber weiterhin voller Gegensätze, in denen die Tessiner Täler und Bergdörfer zunächst noch weit voneinander entfernt blieben. Kulturgeographische Identität schuf weiterhin der überschaubare Mikrokosmos der dörflichen Lebenswelt oder das Umfeld einer Gemeinde. Manche meinten noch zu Beginn des 19. Jahrhunderts, die Bewohner der verschiedenen Tessiner Täler seien sich ebenso fremd wie die Mailänder den Römern. Zahlreiche Bergdörfer blieben weiterhin lange Zeit von den städtischen Zentren wie Lugano, Locarno oder Bellinzona weitgehend abgeschnitten.
Bis zum Bau der Gotthardbahn blieb der neue Kanton auch in der Literatur weitgehend unbekannt. Man wußte nicht viel von den Tessinern. Manchen, die das Land jenseits der

Alpenpässe zu Gesicht bekamen, fiel die unbeschreibliche Armut ins Auge. So auch Friederike Brun, einer Zeitgenossin Goethes, die mit ihm 1795 während ihres Kuraufenthaltes in Karlsbad ins Gespräch kam und nachfolgend über das Tessin nach Italien weiterreiste: »Aber ach dies Volck! Dies elende entnervte Volck! Kan ihm nicht aufgeholfen werden? Sollen alle Seegnungen des Himmels, u(nd) der willige Schoos der Erde vergebens sich oefnen – Mann sieth Trauben von Jericho über Kornfelder der Holsteinschen Marsch u(nd) darunter tragen verblühete, kleinliche blaßgelbe Weiber, stöhnend die Trauben der Kelter zu – woher diese Armuth?«

Nach dem Bau der Gotthardbahn kamen auch die ersten Touristen ins Land, die ein wenig Wohlstand denjenigen brachten, die für das Wohlergehen der »Alpinisten« und »Sommerfrischler« sorgten. Es war die Gründerzeit der Grandhotels und Kurkliniken, die am Lago Maggiore oder Luganer See für die wohlhabenden Bürger und Adligen errichtet wurden. Noch war der Massentourismus fern, und der exklusive Kreis blieb zunächst unter sich. Es war auch die Zeit, in der die literarische Gattung des alten Reiseberichtes zu Ende ging und der *Baedeker* mit seiner Ausgabe für die Schweiz und Oberitalien erschien.

Die neuen Reiseführer waren nun vor allem Gebrauchstexte, ausgerichtet an den praktischen Bedürfnissen der Besucher, die mit einer knappen sowie prägnanten Vermittlung von Sehenswürdigkeiten ausgerüstet sein wollten. Dazu gehörte mitunter auch die Vorbereitung auf die Mentalität der Bewohner. Diesem Wunsch kam der Autor H. A. Berlepsch nach, der 1883 in *Die Gotthard-Bahn und die italienischen Seen* in die Kultur des noch unbekannten Tessiners einführte:

»Das Volk ist weitaus agiler, rascher, behender in Sprache

und Gedanken, in Körperbewegung u. einer gewissen Arbeitskraft, aber auch in seinen Handlungen und Entschlüssen ist es lebendiger u. augenblicklicher. Alle die bekanten Vor- und Nachtheile zwischen südlicher Leichtlebigkeit u. deutscher Besonnenheit, geben sich, je weiter man im Levinenthal hinab kommt, desto mehr kund.«
Die Zahl der Touristen, Hotels sowie Kurpensionen stieg beträchtlich an. Engländer, Deutsche, Franzosen und Russen bevölkerten die Seepromenaden von Locarno und Lugano, und auch die wohlhabenden Mailänder zog es an die nördlich gelegenen Seen. Die englische Königin Viktoria erwies im 19. Jahrhundert dem Lago Maggiore ihre Referenz und verbrachte dort ihren Urlaub. Heute ist der Tourismus der bedeutendste Wirtschaftszweig des Kantons. Mehr als die Hälfte der Touristen besitzt die Schweizer Staatsbürgerschaft, fast jeder zweite Besucher kommt aus Deutschland.

Unser Zug erreicht nun die Kantonshauptstadt Bellinzona. Die hatte auch Friedrich Matthisson im September 1795 während seiner Reise nach Lugano auf dem Plan, wie er in seinem *Reisetagebuch* vermerkte:
»Gegen Abend kamen wir in Bellinzona an. Diese Stadt ist gut gebaut und hat einige ansehnliche Kirchen und Klöster. Besonders machen die drei Bergschlösser von Uri, Schweiz und Unterwalden, daß sie von fern sehr gut ins Auge fällt.«
La turrita, die Turmreiche, wird die Stadt genannt. Die imposant wirkenden Festungsanlagen, die man links und rechts vom Bahnhof aus erkennt, erinnern an jene Tage, an denen hier die alten Handelswege in Richtung Gotthard, San Bernardino und Lukmanier kontrolliert wurden. Die alten eidgenössischen Trutzburgen gehören heute zum

Weltkulturerbe der UNESCO und sind die Wahrzeichen der Stadt.
Ein Blick in die Geschichte: Bellinzona ist ständiger Sitz der Tessiner Kantonsregierung. Das war früher nicht selbstverständlich. Mit der Gründung des Bundes der Schweizer Kantone 1803 brach der Streit um die zukünftige Kantonshauptstadt aus. Man einigte sich zunächst auf einen Kompromiß: Alle paar Jahre packte die Kantonsregierung ihre Sachen zusammen und pendelte zwischen den gemeinsamen Konkurrenten Bellinzona, Lugano und Locarno. 1881 hatte dieses Hin und Her ein Ende, von da ab durfte sich Bellinzona mit dem andauernden Sitz der Kantonsregierung schmücken. Das Verhältnis der drei Städte scheint heute geregelt und in einer pragmatischen Aufgabenverteilung entspannt. Grob betrachtet, sieht diese so aus: In Bellinzona wird die Kantonspolitik gemacht, in Lugano sind die Banken sowie Finanzgeschäfte zu Hause, und Locarno ist Anziehungspunkt des Tourismus.
Bellinzona liegt mit 17 000 Einwohnern etwas abseits der großen Reiseströme, die sich weiter südlich an die Seeufer des Lago Maggiore und des Luganer Sees ergießen. Das muß nicht unbedingt ein Nachteil sein, worauf Giorgio Orelli in *Von den Freuden der Kleinstadt* hinweist:
»Beinahe kann man von Bellinzona – wie Gottfried Keller von Zürich – sagen, daß es einen See und einen Fluß besitzt. Was will man mehr? Doch der See ist der von Locarno; daran ergötzen kann sich nur, wer wie ich etwas erhöht wohnt, in Ravecchia; so hoch, daß man dort unten, unterhalb des Ghiridone gerade noch einen Streifen glänzenden Wassers erkennen kann. Das Herz neigt Locarno zu und den Bergen, über die man jedes Jahre die Sonne rollen sieht und über denen der Himmel in unglaublichen Sonnenuntergängen verglüht.«

Den Fluß Ticino, der uns inzwischen als Namensgeber des Kantons bekannt ist, bekommen wir hier nicht zu Gesicht. Es sei denn, man fährt mit dem Auto in Richtung Lugano, wo die Autobahn bei Giubasco über den Fluß hinweggebaut ist. Ansonsten ist der Fluß am Rande Bellinzonas kanalisiert, und die Stadt wahrt Abstand zu ihm.
Wir bleiben noch eine Weile in Bellinzona, der Stadt, die auch Johann Heinrich Meyer während seiner Reise 1789 besuchte. Er wurde bei seiner Anreise noch von den alten Stadttoren empfangen, während wir Bellinzona durch die Bahnhofshalle betreten. Meyer schrieb in *Malerische Reise in die italienische Schweiz*:
»Über die Moesa führt eine schöne steinerne Brüke mit drey Bogen. Unweit davon erheben sich auf Anhöhen die gothischen Vestungen von Bellenz, und zwischen denselben betritt man die Thore dieser Stadt.« Sein Weg führte von hier in die Altstadt mit ihren Gassen, Arkaden und Plätzen.
»Beym Durchwandern der Gassen von *Bellenz* fällt sogleich lebhafte Thätigkeit auf, und der bloss Durchreisende verfällt auf den in Italien nicht allemal richtigen Schluss, dass der Ort sehr volkreich seyn müsse. Handwerker, Laboranten, selbst Frauenzimmer arbeiten unter offenen Gewölben oder auf der Straße. Diese in den schönen Jahreszeiten übliche Sitte gewährt dem Menschenbeobachter manche Vortheile. Um das Volk in noch grösserer Zahl versammelt zu sehen, giengen wir in die Hauptkirche, wo eben ein päbstlicher Missionär, Namens Rivarolo, predigte. Eine gedrängte Menschenmenge fand sich da in feyerlicher Stille beysammen, hingerissen, durch die Macht einer strömenden Beredsamkeit, die aller Augen und Ohren nach sich zog.«
Die von Meyer beschriebene Altstadt Bellinzonas ist ein

kleines architektonisches Juwel. Vom Bahnhof aus erreicht man sie in wenigen Minuten. Wir gehen den Viale Stazione entlang und kommen auf die schöne Piazza Collegiata, wo auch der Wochenmarkt zu finden ist. Sehenswert ist hier die Renaissance-Kirche SS. Pietro e Stefano mit ihrer großzügig gebauten Freitreppe und den nach oben ragenden Heiligenfiguren. In der Umgebung zeigen sich auch die alten Patrizierhäuser mit dem Stolz ihrer einstigen Bauherren, die sich mit Farbe und viel Sinn für Details Mühe gaben, ihren Palazzi eine besondere Note zu verleihen. Hier hat auch der Schriftsteller Alfred Andersch an irgendeinem Sonntag eines uns unbekannten Jahres irgendwo in einem Café gesessen:

patisserie
das buffet von neunzehnhundertelf
häuser fußballkalt viscontigrau
in den sonntagnachmittagsscheiben
blinde spiegel eine frau erwartend

espresso crème
die pfeife noch nicht angezündet
unentschlossen zu alt schlangengrau
radfahrer auf der via salsa
ein fiat elfhundert von rechts vorbei

anisgeruch
den bon neben der tasse lesend
und irgendeine frau erwartend
fünfzig centesimi
pascal noch nicht begriffen
niemals erfaßt
worauf es spinoza eigentlich ankam

Alfred Andersch gehörte nach dem Zweiten Weltkrieg zu den Mitbegründern der »Gruppe 47«, die mit ihrer versachlichten Sprache auch einen literarischen Neubeginn forderten. Auf seinen Tessiner Wohnort werden wir an anderer Stelle treffen.

Zurück zur Geschichte der Stadt und dem Glanz ihrer Patrizierhäuser. Der Reichtum ihrer Bauherren resultierte vor allem aus der günstigen geographischen Lage der Stadt vor den Alpenübergängen, die von den Burganlagen geschützt wurden. Hier am Rande befindet sich auch das Castelgrande, zu dem ein Lift hinaufführt. Man kann auch einen Fußweg benutzen, der von der Altstadt hinaufführt. Noch in der ersten Hälfte des 19. Jahrhunderts präsentierten sich die Burganlagen in einem maroden Zustand. Heinrich Zschokke, gebürtiger Magdeburger und später Wahlschweizer, bereiste 1842 das Tessin. In *Die Klassischen Stellen der Schweiz* bemerkte er kritisch den Verfall der historischen Stätte:

»Sogar das alterthümliche Städtchen Bellinzona (oder Bellenz) mit seinen fünfzehnhundert Einwohnern, weicht täglich mehr dem sanften Zwange des Zeitgeistes, und läßt, während es sich im Innern verschönert, jene hohe lange Mauer mit den drei Felsenburgen verfallen.«

Wir machen uns selbst einen Eindruck vom aktuellen Zustand des Castelgrande, das Zschokke mit einem altersgrauen Mauerwerk verglich, »...welches über den Hügeln, mit seinen zahnförmigen Absätzen und bemoosten Burgen, wie ein Invalide in verblichner Uniform und mit unbrauchbarem Gewehr, Schildwacht hält ...«. Von dort hat man einen wunderschönen Ausblick auf die Stadt und die Umgebung. Seit ihrer Sanierung, die in den achtziger Jahren eingeleitet wurde, ist die Anlage sehenswert. Mit Aurelio Galfetti zeichnet ein Architekt für die Restaurierung verantwortlich, der die historische Bausubstanz des Kastells mit modernen Elementen verbindet. Ein Museum präsentiert hier die Geschichte der Burg sowie der Stadt. Man wird sich ein wenig mehr Zeit nehmen müssen, um auch die anderen Burgen, das Castello di Montebello sowie das Castello di Sasso Corbaro, anzuschauen.

Es lohnt sich weiter, einen kleinen Abstecher an den nahen Monte Carasso zu machen. Luigi Snozzi, einer der prominentesten Tessiner Architekten der Gegenwart, wirkte hier mit einem Auftrag für die Neugestaltung des Dorfes. Dazu zählten der Erweiterungsanbau zum ehemaligen Augustinerkloster mit einem modernen Schulneubau sowie der Neubau des Bankgebäudes, die »Casa Raiffeisen«. Wir finden einen klar gegliederten Bau vor, der aus einem Kubus besteht, aus dem ein gläsernes Quadrat heraussticht. Hier befindet sich der Eingang. Sein Entwurf zog damals so viele Besucher an, daß die Geschäftsleitung der Bank vor vielen Jahren ein Schild mit der Aufschrift »Architekturtouristen sind nicht willkommen!« anbrachte.
Wir verlassen Bellinzona und machen uns auf den Weg zurück zum Bahnhof. Der Nahverkehrszug nach Locarno bringt uns durch die Magadino-Ebene. Das flache Gebiet gehörte früher vor allem dem Überschwemmungswasser des noch nicht durch Kanäle gebändigten Ticino, der durch die Ebene mäanderte und sie in eine Sumpffläche verwandelte. Viele Reisende des 19. Jahrhunderts nahmen den Umweg über die nördlichen Berghänge vorbei an den Dörfern Cugnasco und Gordola, um an den Lago Maggiore zu gelangen. Solch eine flache Ebene ist rar im Land der Berge. Seit den achtziger Jahren des 19. Jahrhunderts begann man mit der Trockenlegung des Gebietes, um es für die Landwirtschaft zu erschließen. Hier sollte einst die Tessiner

Kornkammer entstehen. Heute ist die Fläche weitgehend zersiedelt: Industriebauten, Handels- und Einfamilienhäuser, Schnellstraßen. Sogar den Luxus eines kleinen Flugplatzes gönnte man sich. Die Landwirtschaft schrumpfte auf ein bedrohliches Maß, was in den achtziger Jahren zu einer Krise führte. Die Antwort darauf gab nachfolgend ein Kantonsgesetz zum Schutz dieser Flächen.

Am Ende der Magadino-Ebene beginnt das, was die meisten Reisenden seit jeher sehnsüchtig erwarten: Der See erscheint auf der Bildfläche des Abteilfensters. Reisende, die den Autotunnel benutzen, um die endlosen Staus auf der Zufahrtsstraße über Tenero zu vermeiden, müssen sich noch ein wenig gedulden. Erst am Rande Locarnos tauchen sie aus der automobilen Unterwelt wieder auf. Hoffnungen auf Parkplätze in der Altstadt Locarnos sollte man schnell begraben; es empfiehlt sich, das Parkhaus in Nachbarschaft des Kasinos am Seeufer zu benutzen.

Patrizierhäuser an der Piazza Grande in Locarno

Locarno

»Guten Morgen! und wie prächtig ist dieser Morgen! Wie schön die Sonne über Bellinzona sich hob, und in Silberstreifen auf dem See zitterte!« So beschrieb Viktor von Bonstetten im September 1795 seine Ankunft in Locarno.
Im Sackbahnhof von Locarno, der sich eigentlich auf dem Boden der Gemeinde Muralto befindet, endet unsere Fahrt. Uns zieht es erst einmal ans Wasser. Wir gehen ein paar Schritte von der Rückseite des Bahnhofs hinunter, Richtung See. Die Seepromenade Locarnos ist durch eine viel befahrene Autostraße von der Stadt abgetrennt. Vorbei an der Anlegestelle der Reedereien, deren Schiffe hier auf Kurs gehen, erreichen wir die Uferpromenade. Nach wenigen Metern haben wir einen wunderbaren Ausblick auf den Lago Maggiore und die ihn umgebenden Berge. Man sieht auf die zurückliegende Magadino-Ebene sowie die dahinter aufragenden Bergmassive, auf denen der Schnee von weitem glitzert.
Auf der gegenüberliegenden Uferseite schauen wir auf die Berge des 1734 Meter hohen Monte Gambarogno und dessen kleine Dörfer, die wie kleine Bienenwaben an den Nahtstellen zwischen See und Berghängen kleben. Dahinter beginnt das Sottoceneri, wo sich der Luganer See ausbreitet. Die Gegend von Locarno bleibt ein Glücksfall der Natur. Der Autor J. Hardmeyer, der das Tessin zum Ende des 19. Jahrhunderts bereiste, frohlockte:
»Der Lago Maggiore! Wem geht das Herz nicht auf bei diesem Namen? Es blickt uns aus demselben des Schönen so viel entgegen: herrliche Bergformen, liebliches Ufergelände, ein Himmel voll tiefen Blaus und Sonnenglanz, von üppigem Pflanzenwuchs und Blumenreichtum schwel-

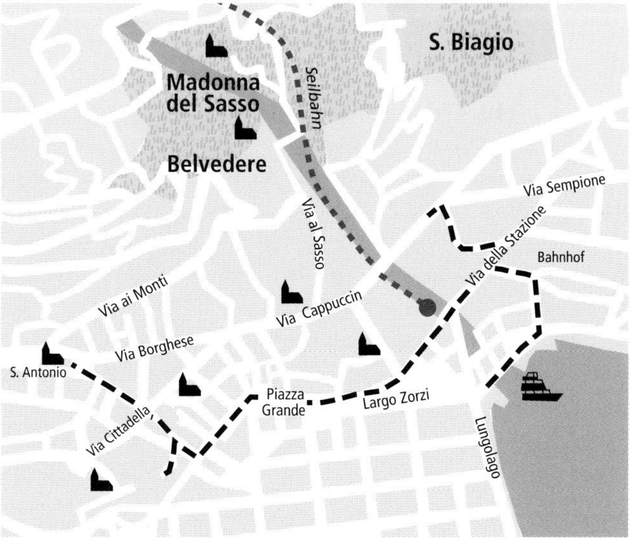

lende Gärten, freundliche Ortschaften am Ufer, sowie an den Berghalden, malerisch gelegene Kirchen und Kapellen und auf dem klaren Gewässer schwimmende Inseln voll unendlichen Zaubers.«

Jene Zeilen wären Balsam für die hiesige Tourismusbranche, die um ihre Gäste werben und sich gegenüber anderen Konkurrenten behaupten muß. Daß man an dieser üppig ausgestatteten Naturlandschaft auch herummäkeln kann, bewies der Autor der *Reiseskizzen aus der Schweiz, Savonen und Italien* 1875 mit den ernüchternden Zeilen: »Die Berge, welche ihn umgeben, haben alle dieselbe rundliche Form; hat man einen davon gesehen, so kennt man auch die anderen.«

Ein bißchen mehr Abwechslung darf es also ruhig sein. Der Dichter Rainer Maria Rilke, 1919 zu Gast im Tessin, wäre wahrscheinlich auch mit einer anderen Variante nicht so recht zufrieden gewesen. Das Ende einer Vortragsreise durch die Schweiz führte ihn im Dezember desselben Jahres nach Locarno. Entnervt schrieb er in einem Brief: »(...) was für Ansprüche machen diese Seen und Berge, wie ist immer etwas zu viel an ihnen, die einfachen Augenblicke hat man ihnen abgewöhnt. Die Bewunderung unserer Groß- und Urgroßeltern scheint an diesen Gegenden mitgearbeitet zu haben; die kamen da aus ihren Ländern hergereist, wo es sozusagen ›nichts‹ gab, und hier gab es dann ›Alles‹, in Pracht-Ausgaben. Lieber Himmel: eine Salon-Tisch-Natur, eine Natur mit Auf und Ab, voller Überfluß, voller Verdoppelung, voll unterstrichener Gegenstände. Ein Berg? bewahre, ein Dutzend auf jeder Seite, einer hinter dem anderen; ein See: gewiß, aber dann auch gleich ein feiner See, bester Qualität, mit Spiegelbildern reinsten Wassers, mit einer Galerie von Spiegelbildern und der liebe Gott, als Kustos, eines nach dem anderen erklärend, wenn er nicht gerade als Regisseur beschäftigt ist, die Scheinwerfer des Abendrots nach den Bergen zu richten, von wo den ganzen Tag der Schnee in den Sommer hineinhängt, damit man doch so recht alle ›Schönheiten‹ beisammen habe (...) ich erinnere mich der schönen Zeiten, wo ich, hier durchreisend, die Vorhänge des Coupés zuzog, worauf die übrigen Reisenden in den Gängen meinen Anteil Aussicht gierig mitverzehrten, ich bin sicher, es ist nichts übrig geblieben.«

Rilkes Reise führte über Zürich, St. Gallen, Luzern, Basel, Bern im November 1919 nach Winterthur, wo er seine Vortragstour beendete und schließlich in Locarno Station machte und den Winter verbrachte.

Wir wenden unsere Blicke zunächst einmal den Berghängen oberhalb Locarnos zu. Besser gesagt, auf das, was von ihnen übrigblieb. Hier zwängt sich ein Einfamilienhaus

neben das andere. Unzählige Bauherren drängeln sich zu den letzten Bauplätzen, geeint im Wunsch, sich noch einen der letzten exklusiven Seeblicke auf den Hügeln oder den Ufern des Lago Maggiore zu reservieren. Erich Mühsam, Besucher des Sees vor knapp hundert Jahren, sah zwar einen Bauboom in seinem Buch *Ascona* voraus, wäre aber hinsichtlich des heute sichtbaren Ausmaßes sicherlich überrascht gewesen:
»Wenn ich bedenke, dass (...) eine weitere und immer wachsende Steigerung der Bodenrente zu erwarten ist, so graut mir vor der schauderhaften Aussicht, geschäftsbeflissene Banausen könnten hier zu Spekulationszwecken Land erwerben und etwa modische Villen hier erstehen lassen, von denen die Landschaft bis jetzt gottlob noch nicht befleckt ist.«
Zahlreiche, nach dem Zweiten Weltkrieg entstandene Häuser und Hotels sind nur für den Ferienaufenthalt gebaut. Während der Wintertage stehen sie leer. Zweitwohnsitze hatten in der Vergangenheit ebenfalls Hochkonjunktur. Von Locarno bis zu den Berghängen hinauf kann man nur erahnen, wo die Grenzen der bislang noch selbständigen Gemeinden Orselina, Muralto, Minusio und Brione zur Stadt verlaufen. Von einer zukünftigen Großgemeinde Locarno hört man mitunter flüstern, was bei vielen umliegenden Gemeinden nicht unwidersprochen bleibt.
Begehrt waren lange Zeit die Immobilienanleger aus dem deutschsprachigen Raum. »Machen Sie den Lago Maggiore zu Ihrer 2. Heimat«, lautete eine Anzeige im Reiseführer *Tessin* 1983, unter der die Worte Stendhals zu lesen waren: »Weder in Deutschland noch in Frankreich fand ich eine so beglückende Landschaft.«
Prominente Namen zierten die Kaufverträge mancher Villen bereits in den sechziger und siebziger Jahren. Schwer-

gewichtige Kaufverträge mit der bundesdeutschen Unternehmerriege wie mit dem Kaufhausunternehmer Horten, der sich für zwei Millionen Mark Ende der sechziger Jahre eine Villa am Luganer See kaufte, gehörten zu den erstrebenswerten Zielmarken in diesem Geschäft. Allein am Luganer See siedelten sich in wenigen Jahren bis 1971 1600 Neubürger an. »Als einzige Abgabe wird ein jährliches Wassergeld fällig«, spottete einst ein bekanntes deutsches Nachrichtenmagazin.
Anfragen nach exklusiven Immobilienobjekten gehörten auch in den letzten Jahren wieder zu den Tagesthemen des Kantons. Man hörte bisweilen bereits die Prophezeiung, das Tessin könne der Côte d'Azur in Zukunft den Rang ablaufen.

Wir begeben uns nun vom scheinbar unendlichen Reichtum der Gegenwart auf die Suche nach dem Luxus der Belle Epoque. Einen ihrer letzten steinernen Zeugen finden wir schräg gegenüber dem Bahnhof in der Via Sempione 17. Man sieht den alten Prachtbau aus der zweiten Hälfte des 19. Jahrhunderts etwas zurückgesetzt von der Hauptstraße Via della Stazione. Was für eine Zeit, in der die ankommenden Reisenden mit den Hotelkutschen vom Bahnhof abgeholt und in den Erholungspalast der Sommerfrische gebracht wurden! Es sind die ersten Reisenden der neuen Gotthardbahn, die mit den Bequemlichkeiten gehobener Hotelstandards rechnen durften. Die Pracht vergangener Tage glänzt noch ein wenig in den Zeilen des uns inzwischen bekannten Berlepsch-Reiseführers aus dem Jahr 1883, der das Grand Hotel als erste Adresse Locarnos nannte:
»(...) nahe beim Bahnhof u. den Dampfboot-Debarcaderen, (...) mit prächtiger Aussicht, ein wahrhaft fürstlicher

Bau; enorme Raum-Verschwendung für das Treppenhaus u. die Corridors, 3 Meter breite, flachsteigende Granit-Treppen bis unters Dach (...). Riesiger Speisesaal f. 250 Pers., Luftheizung durchs ganze Hotel (...).«

Auf den besonderen Service des Hauses für Gäste aus dem Norden wies der Autor zusätzlich hin: »(...) Evangelischer Gottesdienst, Deutscher Arzt (...).«

Auch Rainer Maria Rilke gehörte im Winter 1919 zu den Gästen des Hauses. Im benachbarten Ascona wollte er eigentlich zunächst ein Quartier bei der Familie Bachrach im Castello San Materno beziehen, aber:

»Die Wohnung ist sehr primitiv, zwei sehr kleine Stuben in einem kleinen Stall- und Garagegebäude, das dicht am Gitterthor des alten Gartens liegt«, beklagte er sich in einem Brief in den ersten Dezembertagen 1919 über die unzumutbaren Bedingungen.

Die Geräusche des Hühnerstalls störten ihn, und auch das Zimmer war ihm zu fußkalt. Schließlich bezog er für ein paar Tage ein Zimmer im Grand Hotel von Locarno, danach ließ er sich in der Villa Muralto nieder.

Seine persönliche Situation war in jenen Tagen angespannt. Mit dem Zusammenbruch der österreichischen Monarchie verlor er seine Staatsangehörigkeit. Die Aufenthaltsgenehmigung für die Schweiz lief ab, an eine Rückkehr nach Deutschland war nicht zu denken. Dazu kamen finanzielle Schwierigkeiten. Zeitweilig lebte er von den Zuwendungen seiner Freunde. Einer der Gründe, vorerst am Lago Maggiore zu bleiben, hieß Angela Guttmann. In einer Buchhandlung in Locarno lernten sie sich kennen. Die dreißigjährige junge Frau, Österreicherin von Geburt und mit einiger Lebenserfahrung in Rußland ausgestattet, lebte in bescheidenen Verhältnissen in der Stadt. Voller Mitgefühl und überzeugt von ihrem schreibenden Talent, schickte Rilke ihre Manuskripte an seinen Verleger Kippenberg. Freunde bat er, ihr mit Geldzuweisungen unter die Arme zu greifen. Die Romanze hielt ihn bis Februar 1920 in Locarno, bis es den Dichter schließlich weiter nach Basel zog.

Das Grand Hotel erlebte 1925 große Tage, als es am 5. Oktober zum Schauplatz der Weltpolitik wurde. Der britische Außenminister Austin Chamberlain, sein französischer Amtskollege Aristide Briand, Gustav Stresemann und andere trafen sich auf jener politisch bedeutsamen Konferenz in Locarno, um hier die Bedingungen zur Friedenssicherung nach dem Ersten Weltkrieg zu verhandeln.
Auch Hermann Hesse weilte in jenen Tagen in Locarno. Er sah eine Stadt, die sich feierlich in Sonntagslaune herausputzte und den Auftritt der politischen Prominenz würdigte:
»Die Locarnesen waren sehr guter Laune, es war soeben Locarno als Sitz für die Diplomatenkonferenz erwählt worden, und die Stadt ging daran, sich zu erneuern und zu schmücken. Es war eine Pracht, und wenn Herr Stresemann sich während seines Locarneser Aufenthalts auf eine der hübschen Bänke auf der Piazza gesetzt hat, so ist sein Anzug verdorben, sie wurden sämtlich frisch mit Ölfarbe gestrichen.«
Für Deutschland war der Vertrag mit der Anerkennung der bestehenden Grenzen im Westen und den Verzicht auf Elsaß-Lothringen verbunden. Gleichzeitig bereitete man den Weg für den Eintritt in den Völkerbund vor. Eine vertrauliche Aussprache zwischen den deutschen Vertretern Luther und Stresemann sowie Briand und Chamberlain während einer Bootsfahrt auf dem Lago Maggiore soll seinerzeit für den Durchbruch bei den Verhandlungen ge-

sorgt haben. Als Friedensengel wurden die acht wichtigsten Teilnehmer auf einer Menükarte der Konferenz verewigt. Stresemann und Briand erhielten schließlich für ihren Beitrag zur Idee eines Völkerbundes ein Jahr später den Friedensnobelpreis. Lange Zeit symbolisierte eine Wanduhr im Sitzungssaal des Rathauses von Locarno das Ergebnis der weltberühmten Sitzung. Ihr Ziffernblatt zeigte die Uhrzeit des Vertragsabschlusses. Im Grand Hotel erinnert nur noch eine Tafel im Eingangsbereich an den denkwürdigen Augenblick.

Seit 1946 schrieb das Hotel auch Filmgeschichte. Im Garten des Hotels fand über Jahrzehnte das Filmfestival von Locarno statt, bis es 1971 auf die Piazza Grande umzog. Einst begrüßte hier das Publikum Filmgrößen wie Marlene Dietrich oder Pier Paolo Pasolini. Der Glanz vergangener Tage ist längst verblaßt. Ein bißchen welk wirkt inzwischen der Bau, der sich mit Mühe durch die Zeit rettet und auf bessere Tage hofft. Ein Abbruch schien vor wenigen Jahren beinahe unvermeidlich, aber noch immer trifft man hier auf Hotelgäste. Das architektonische Fossil trotzt weiter allen Aussichten auf ein unwürdiges Ende mit der Abrißbirne.

Unser Weg führt uns weiter in das Herz der Stadt, der Piazza Grande. Wir gehen die Via della Stazione entlang und kommen rechts unter die Laubengänge der Via alla Ramogna. Das Gedränge ist zu allen Geschäftszeiten so groß, daß man glaubt, alle Locarnesi ziehe es zur selben Zeit in die überdachte Einkaufszone mit Espressobars, Süßwarengeschäften und eleganten Modeboutiquen. 15 000 Einwohner zählt die Stadt, die angrenzenden Ortschaften nicht mitgezählt. Ein paar Schritte weiter kommen wir schließ-

lich auf die Piazza. Ein Hauch von Italien weht über den weitläufigen Platz. Die im Freien sitzenden Gäste der zahlreichen Restaurants bevölkern ihn zur Arkadenseite, die von stattlichen Patrizierhäusern abgeschlossen wird. An der Ecke Via Marcacci sehen wir das Gebäude des Rathauses, ein ehemaliger Palazzo aus der Renaissance, der zum Ende des 19. Jahrhunderts einem Neubau weichen mußte. Der Torre del Commune, ein Turm der alten Stadtbefestigung aus der Zeit der Herrschaft der Mailänder Visconti im 14. Jahrhundert, überragt die alten Bürgerhäuser an dieser Seite des Platzes.
Gegenüber liegt die Neustadt, die im 19. Jahrhundert entstand. In dieser Zeit wurde auch das große Gebäude der heutigen Elektrizitätsgesellschaft, früher Sitz der Kantonsregierung, gebaut. Als das Quartiere Nuovo auf dem einstigen Schwemmland der Maggia entstand, drängte man das Seeufer weiter stadtauswärts.
Lange Zeit war Locarno das Tor in den Süden. Der See fungierte als Handelsstraße für den Warenverkehr mit Italien. Auf dem Lago Maggiore transportierte man das Holz, das von den Berghängen der Täler stammte und als Brennstoff sowie Baumaterial in die norditalienischen Städte geliefert wurden. Auch menschliche Fracht wurde auf dem See transportiert. Die unzähligen jungen Tessiner Kaminfeger, die in Mailand durch die Kamine krochen, wurden auf Holzbarken verschifft. Ihre Geschichte erinnert an die kaum vorstellbare Armut in den Tessiner Dörfern sowie die Kinderarbeit vergangener Zeit. Der See blieb über Jahrhunderte die Lebensader der kleinen Städte und Dörfer. Der Tessiner Marmor war in den italienischen Städten gefragt und fand beim Bau des Mailänder Doms Verwendung. Leonardo da Vinci ließ Granitquader nach Rom und Florenz bringen. In früheren Zeiten fuhren kleine Schiffe am süd-

lichen Ende des Sees auf dem Naviglio Grande, einem Wasserkanal, weiter bis Mailand. Schon bald könnte die alte Wasserstraße wieder durchgehend für kleinere Schiffe befahrbar sein, denn Tourismusmanager haben sie neu entdeckt und arbeiten an Plänen zur Rekonstruktion der alten Kanäle. Alte Schleusen sollen restauriert, das Flußbett verbreitert werden, um zukünftig vielleicht sogar die Adria am Lago Maggiore riechen zu können. Ein alter Traum der Locarnesi würde sich damit erfüllen: Die Verbindung mit dem Meer, denn von Mailand ginge es schließlich weiter bis nach Venedig. In der Tourismusbranche träumt man bereits von Sportbooten oder kleinen Kreuzfahrtschiffen, die in Mailand ins Wasser stechen und in Locarno vor Anker gehen.

Zurück zur Piazza Grande. Seit 1971 versammeln sich die internationalen Cineasten hier alljährlich zum Filmfestival. Eine große Filmleinwand verwandelt den Platz in eine illuminierte Freiluftbühne. Vor ein paar Jahren sorgten die ehrgeizigen Ideen einiger Tessiner Architekten für beträchtliche Unruhe in der Öffentlichkeit: Die Großbildleinwand sollte auf eine Plattform an das Ufer des Lago Maggiore verlegt werden – das würde für den traditionsreichen Austragungsplatz das Aus bedeuten. Geplant sind 10 000 Sitzplätze sowie ein Schiebedach, das vor den gefürchteten Regenmassen schützen soll.
Die Befürworter argumentieren, daß die Piazza für die Zukunft zu klein sei. Auch denke man daran, der Piazza ihr städtebauliches Leben zurückzugeben. Andernfalls drohe die Gefahr, daß das renommierte Festival in Zukunft vielleicht »(...) nach Lugano, Zürich oder Luzern abwandern könne«, so Eloisa Vacchini. Man wird sehen, ob aus der Utopie irgendwann Realität wird.

Die Piazza ist der ideale Ausgangspunkt für einen Spaziergang: Hier öffnet sich die Altstadt, deren Gassen von oben herab auf den Platz herunterführen. Unser Weg führt am Ende der Piazza in die Via Rusca, wo uns eine kleine Gasse links zur Casorella bringt. Wir stehen vor einem Palazzo aus dem 16. Jahrhundert, der auf dem Gelände der ehemaligen Burganlage Locarnos steht. In dem vornehmen Renaissancebau einer ehemaligen Adelsfamilie sitzt heute die Kulturverwaltung Locarnos. Im Garten finden wir Plastiken von Hans Arp, der seine letzten Lebensjahre in Locarno verbracht hat und dessen künstlerischer Nachlaß in einer Stiftung zusammengeführt wurde, die ihren Sitz am Stadtrand hat.

Ein paar Schritte weiter kommen wir zum Eingang der alten Burg, dem Castello Visconti mit seinen ehemaligen Befestigungsanlagen. Links schauen wir auf einen der Hauptverkehrsknotenpunkte der Stadt, der auf dem ehemaligen Schloßhafen gebaut wurde. Der einstige Handelsplatz des früher hier befindlichen Seeufers stand im Schutz der Burganlage, die nur noch zu etwa einem Drittel ihrer ursprünglichen Größe vorhanden ist. Die Restaurierung der heutigen Anlage fand in den zwanziger Jahren statt. Ein Blick in die Geschichte zeigt, daß sie im Lauf der Zeit immer wieder ausgebaut wurde. Die Mailänder Dynastie der Visconti hatte daran ebenso Anteil wie die Familie Rusca seit dem 15. Jahrhundert. Die Eidgenossen begannen später mit dem teilweisen Abbruch der Trutzburg. Heute befinden sich hier die Bilder des Locarneser Malers Filippo Franzoni, die archäologischen Sammlungen wie auch eine kleine Ausstellung zur Konferenz von Locarno 1925.
Wir gehen zurück über die Via Rusca, wo uns ein schmaler Durchgang den Weg in die Via della Motta zeigt. Die

Gasse führt uns links in die Via St. Antonio, an deren Ende wir auf die gleichnamige Piazza kommen. Der Eindruck des Platzes wird von der Kirche St. Antonio Abate bestimmt. Die ursprünglich einschiffige Kirche wurde im 17. Jahrhundert umgebaut und erweitert. In der zweiten Hälfte des 19. Jahrhunderts mußte sie renoviert werden, weil 1863 Teile des Daches unter der Schneelast einstürzten. Vor der Kirche sieht man Giovanni Antonio Marcacci stehen, dem man als Politiker und Mäzen der Stadt die Ehre erweist. Zu seinen Füßen wachen zwei Löwen, »(...) welche einen besseren Eindruck machen würden, wenn sie der komisch, gleich Cigarren, in ihren Mäulern steckenden Brunnenröhren entledigt würden«, regte sich J. Hardtmeyer in seinem Reiseführer *Locarno und seine Thäler* über deren Gestaltung auf. Heute sind Spuren der Erneuerung sichtbar, und die aus den Mäulern ragenden Wasserröhren sind dezent verkleinert.

Das Tessin ist mehrheitlich katholisch. Protestanten verließen 1554 die Stadt, weil ihre kleine Gemeinde unerwünscht war. Mit dem Wegzug der protestantischen Enklave verschwand für lange Zeit der reformatorische Gedanke in Locarno.

Viktor von Bonstetten reiste im offiziellen Auftrag ins Tessin. Als Syndikator der Stadt Bern erstattete er zwischen 1795-1797 einen Bericht über die Tessiner Vogteien. Seine *Briefe über die italienischen Ämter*, von ihm selbst als »Miniaturgemälde eines sonderbaren Landes« bezeichnet, gingen weit über die üblichen Anforderungen alljährlicher Pflichtübungen der Gesandten hinaus. Sie bieten auch seinen heutigen Lesern eine für ihre Zeit ungewöhnlich präzise und vielfältige kulturgeographische Beschreibung des Kantons.

»Diese arme Stadt ist einem halbverdorrten Baum ähnlich,

der von parasitischen Pflanzen bedeckt, kaum einige Blätter treibt, obschon die Erde, die ihn trägt, vortrefflich ist. Diese Leute bauen neue Kirchen, dieweil sie die Kapellen und Kirchen, die noch existiren, in Ruinen fallen lassen! Sie bauen Kirchen, nähren Mönche, und lassen Sümpfe in den Gassen stehen, die die Luft in der untern Stadt pestilentialisch machen.« Was die Bewohner der Stadt »(...) wissen, lernen sie von irgend einem Geistlichen, der die Resultate der Unwissenheit positiv doziert, dieweil die Gassenerziehung sie negativ beibringt, so dass zwischen Vorurtheil und Unwissenheit jede Naturanlage ersterben muss«.
Hier spricht der kritische Blick eines helvetischen Protestanten auf eine katholisch geprägte Wirklichkeit, die noch weit entfernt war von den Werten der Städte im Norden der Schweiz. Karl Viktor von Bonstetten (1745-1832), aufgewachsen in einer der führenden Patrizierfamilien von Bern, bewegte sich in den literarisch gebildeten Kreisen der Aufklärung.

Über den Einfluß des katholischen Glaubens beklagte sich auch 1842 Heinrich Zschokke, der sich über die Kosten kirchlicher Einrichtungen und unzähliger Feiertage Gedanken machte. Akribisch zählte er auf: »Der Kanton mit seinen 230 Pfarreien (...), 12 Mannsklöstern (mit 119 Mönchen), und 9 Weiberklöstern (mit 165 Nonnen), besitzt Anstalten zur Pflege der Andacht im Ueberfluß, ungerechnet die vielen Einsiedeleien auf Bergen, deren Bewohner von Almosen der Frommen leben. (...).« Zschokke hoffte auf die Werte der Aufklärung: »Besseres ist allein von größerer Volksbildung zu erwarten. Allein dazu findet sich, aus sehr natürlichen Gründen, die Geistlichkeit schlecht geneigt, Hand zu bieten.«

Erst mit der Eröffnung der Gotthardbahn entwickelte sich wieder zunehmend protestantisches Leben in der Stadt. Einige ihrer Gemeinden entstanden vor allem unter den Deutschschweizern. Wer sich auf den gut ausgebauten Wanderwegen rings um Locarno bewegt, findet noch zahlreiche und gepflegte Andachts- und Prozessionskapellen, die heute vor allem Wanderern als Wegmarkierungen gute Dienste leisten.

Am Rande der Piazza schauen wir auf einen der schönsten Palazzi Locarnos. Die Casa Rusca, im 18. Jahrhundert in Besitz einer der wohlhabenden Patrizierfamilien der Stadt, zeigt sich nach außen mit einer schlichten Fassade, aber mit einem großzügig gestalteten Innenhof mit mehrstöckigen Loggien, wie man sie noch an vielen Stellen der Altstadt sehen kann. Hier trifft man auf die Pinakothek für moderne Kunst, die auch mit dem Namen Hans Arps verbunden ist, den wir an anderer Stelle ausführlich zu Wort kommen lassen. Im Bestand des Museums befinden sich zahlreiche Werke aus dem Nachlaß des Künstlers, die als Schenkung in die Hände der Locarneser Sammlungen gingen.

Spaziergang zur Madonna del Sasso und nach Orselina

Unser weiterer Weg führt uns zur Madonna del Sasso, einem der bekanntesten Wallfahrtsorte Tessiner Frömmigkeit. Wir gehen von der Piazza S. Antonio in die Contrada Borghese, die schließlich von der Via Capuccini weitergeführt wird.

»Auf einmal sahen sie eine riesige Klosterkapelle auf einer der kleinen Höhen, die überall wie Warzen von den hohen Bergen abstanden. Sie glich mehr einem Gebirge von Kapellen. Eine lehnte sich an die andere, und die Knaben blieben stehen, so ergriffen waren sie von dem gewaltigen Bauwerk.

›Das ist die Madonna del Sasso‹, sagte Alfredo.

›Du kennst sie?‹

›Nein. Ich habe aber von ihr gehört und schon Bilder von ihr gesehen. Nun muss Locarno gleich kommen. Die Kirche liegt unmittelbar über der Stadt.‹«

Die beiden, die hier von der Wallfahrtskirche Madonna del Sasso sprechen, sind die beiden Kaminfegerjungen Giorgio und Alfredo. In Lisa Tetzners Geschichte *Die Schwarzen Brüder* befinden sie sich auf dem Weg über Minusio nach Locarno. Die Perspektive ist gut gewählt, denn trotz der dichten Zusammenballung von Häusern und Villen über Locarno ist die Kirche noch heute schon von weitem ein Blickfang. Wer die Mühe scheut, den alten Prozessionsweg nach oben zu gehen, fährt bequem mit der Drahtseilbahn, die gegenüber dem Bahnhof von Locarno nach Orselina hinaufführt.

Der Fußweg führt fast am Ende der Via Capuccini durch die Via al Sasso nach oben. Vorbei an üppigen Palmengär-

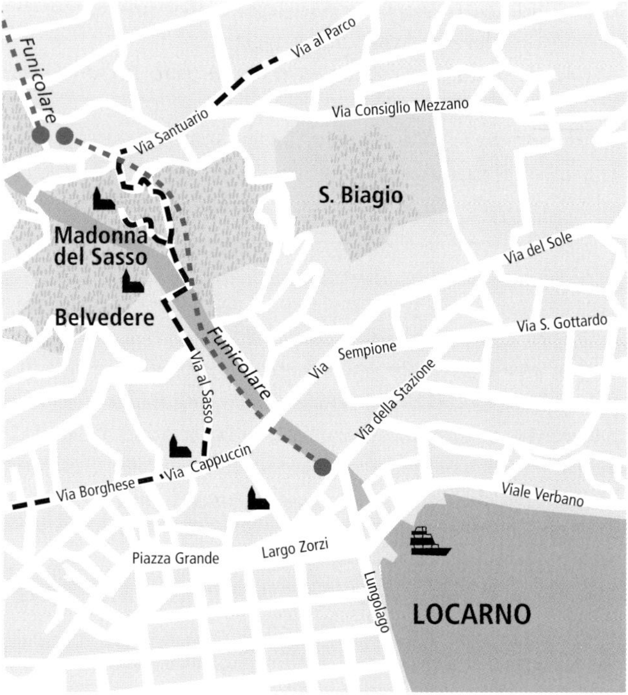

ten erreicht man das Hotel Belvedere. Einige Meter weiter begegnen wir auf der rechten Seite einer Madonnenfigur, die in einer steinernen Apsis an der Wand durch eine Glasscheibe grüßt. Die heilige Dame steht als farbige, lebensgroße Ganzfigurenskulptur auf einem dämonenähnlichen Tier und weist uns den Weg nach oben. Dieser wird steiler und führt nach einer Weggabelung auf der Via Croce weiter nach links vorbei an zahlreichen Kreuzwegkapellen. Wir erreichen das Kloster über eine Steintreppe, die an einer Darstellung des Abendmahls vorbeiführt. Das Besondere sind die lebensgroßen, vollplastischen Figuren, die

dem Künstler Francesco Silva aus der ersten Hälfte des 17. Jahrhunderts zugesprochen werden.
»Vielleicht habe ich nicht den rechten Sinn für diese Art der Plastik, aber ich meine, dass man die Kunst der katholischen Kirche, welche das Schönste hervorgebracht hat, was in kirchlicher Richtung die Kunst zu leisten vermag, nicht herabsetzen sollte zu einem Puppenspiel, wie es für ein Wachsfigurenkabinett passen würde«, zweifelte der Tessin-Reisende Eduard Osenbrüggen 1877 am kunsthistorischen Wert der originellen Szenerie.
In dem historischen Baukomplex befindet sich noch heute ein Kloster, in dem sich seit Mitte des 19. Jahrhunderts Kapuzinermönche niederließen. Auch ein Museum zur Geschichte des Ortes hat man eingerichtet. Es lohnt sich, noch weiter bis zur Kirche hinaufzugehen, denn auf dem Platz und dem seitlichen Arkadengang am Rande der Kirche wird der Besucher mit einer grandiosen Aussicht auf den See, die Stadt und die gegenüberliegenden Berge belohnt. Das Kirchenschiff ist mit üppigen Deckenmalereien aus der Zeit des Barock gestaltet. Im Mittelpunkt thront die Madonna del Sasso aus dem 15. Jahrhundert.
Von der wundersamen Entstehung des Ortes berichtete Hardmeyer in seinem Reiseführer *Locarno und seine Thäler:* »In einer schönen Sommernacht des Jahres 1480, so erzählt die fromme Sage, verharrte ein Mönch des Minoritenklosters von Locarno, Frà Bartolommeo von Ivrea, in inbrünstigem Gebete und sah auf zu den Bergen. Da erglänzte plötzlich vor seinem Blicke die Höhe der Felszacke, jäh über der Stadt, und aus dem Glanze erhob sich die Himmelskönigin, von Engeln umgeben. Aus der Erscheinung, deren er gewürdigt worden war, schloss der fromme Mann, dass Maria begehre, es möchte ihr alldort auf dem Felsen eine Stätte der Verehrung bereitet werden.«

Die Vision war für ihn folgenreich. Der Mönch lebte fortan asketisch in einer Grotte auf dem Berg. Später entwikkelte sich der Ort zu einem bedeutenden Zentrum der Marienverehrung. Aus einer kleinen Kapelle wurde später eine Kirche und aus der Einsiedelei ein Kloster. Bauliche Erweiterungen fanden im 16. und 17. Jahrhundert statt. Kapellen säumten den Weg für die Wallfahrtsbesucher, die immer zahlreicher nach oben pilgerten. Davon berichtete auch Viktor von Bonstetten, der staunend während seines Aufenthaltes in Locarno die Feierlichkeiten zu Ehren der Madonna del Sasso beobachtete:

»Gestern war das grosse Fest aller Madonnen und besonders der all' Sasso. Die ganze Nacht kamen Schaaren von Andächtigen, besonders Weibern an, die den steilen Hügel singend erstiegen, sich in den Hallen des Klosters della Madonna in und um die Kirchen lagerten und sangen; doch als ich am Morgen einige schöne wohlgeputzte muntere Mädchen sah, war ich überzeugt, dass die Castissima Vergine nicht alle ihre Andacht mochte gehabt haben. Ich erwachte vor Tag, öffnete meine Fenster, und hörte in einer Ferne von mehr als einer halben Stunde die heiligen Gesänge. So ein Fest nimmt drei Tage weg. Die Sonntage eingerechnet sind grosse und kleine Feste in diesen Landen 83, je weniger in diesen Feierlichkeiten für die Vernunft ist, desto mehr ist für die Imagination. Die fremden Schaaren reisen des Nachts wieder nach Hause. So eine 72 Stunden lange Andacht verrückt ihnen vollends den Kopf. Könnte man den Kopf eines dieser armen Bauern analisiren, man würde bei ihm mehr Wundermärchen, als alle anderen Begriffe finden. Diese Menschenklasse kann unmöglich sich über die Thierheit erheben, so lange eine solche Religion existirt.«

Von der früheren Abgeschiedenheit des Ortes ist nicht mehr viel übriggeblieben. Nur wenige Schritte hinauf sind wir mitten im weitläufigen Ballungsraum von Locarno mit seinen unzähligen Einfamilienhäusern. Wir stehen an der Hauptstraße, die durch die Gemeinde Orselina führt. Links befindet sich die Bahnstation, von der man von Locarno aus nach oben gelangt. Von dieser Stelle führt eine Seilbahn noch höher hinauf bis Cardada. In einer kleinen Kabine erreicht man die auf etwa 1300 Metern Höhe befindliche Terrasse mit einem wunderschönen Ausblick auf den See und die umliegenden Berge. Seit 1952 gibt es diese Möglichkeit, bequem in die luftigen Höhen zu gelangen. Mario Botta, einer der prominentesten und auch international gefragten Tessiner Architekten der Gegenwart, entwarf die Seilbahn mit einer Leichtbauausführung aus Aluminium und Glas. Mit seinem Namen sind auch Seilbahnstationen in Orselina und Cardada verbunden. Von Cardada geht es mit einem Sessellift noch weiter auf die schwindelerregende Höhe von 1670 Metern.

Wir bleiben vorerst auf dem Boden und beschäftigen uns zunächst mit dem Ort Orselina. Die Gemeinde entwikkelte sich Ende des 19. Jahrhunderts zu einem gefragten Kur- und Erholungsort. Hotels sowie Kurkliniken entstanden, das Kurhaus Sanitas eröffnete im Jahr 1901.

Ein prominenter Vertreter der künstlerischen Avantgarde lag 1923 fiebernd in seinem Bett in der Klinik La Carita in Orselina. Der Aufenthalt des russischen Künstlers El Lissitzky war nicht freiwillig. Nach einer verschleppten Tuberkulose kam er zu einem Sanatoriumsaufenthalt zunächst nach Agra an den Luganer See. Dort war allerdings kein Bett mehr frei, so daß er sich entschloß, seine Genesungschancen in Orselina zu suchen. Es war kein guter

Zeitpunkt für den Künstler, dessen Stern gerade am Horizont der bekannten Ausstellungssalons zu leuchten begann. In der Kestner-Gesellschaft in Hannover hatte er gerade mit erfolgreichen Ausstellungen für Furore gesorgt. Seine spätere Frau Sophie Küppers besuchte 1924 den Künstler, dessen Zustand sich inzwischen verschlechtert hatte:

»Lissitzky traf ich recht schwach, fiebernd, noch bettlägerig an. Er war froh, daß ich kam. Wirklich wurde er rührend versorgt. Auf seinem Balkon stand ein blühendes rosa Azalienbäumchen, das sich frühlingshaft von dem blauen See und den Bergen abhob. Alles blühte, die Mimosen dufteten, es hätte ein Eldorado sein können, – wäre der arme Mensch nicht so krank gewesen.« Zu der Tuberkulose kam noch eine Rippenfellentzündung hinzu, die er sich durch Unvorsichtigkeit zugezogen hatte, weil er während der verordneten Bettruhe spazierenging.

Bis zum Frühjahr 1925 dauerte die durch gesundheitliche Rückschläge behinderte Kur, die mit wechselnden Wohnsitzen verbunden war. 1923 wohnte El Lissitzky zeitweilig in der Villa Plante in Orselina, in der Villa Raetia in Minusio, 1925 in der Villa Sonneck in Brione, wo er mit einem exklusiven Blick auf den Lago Maggiore entschädigt wurde. Von der Landschaft nahm El Lissitzky wenig Notiz; er war mit Arbeit überhäuft, um seinen Kuraufenthalt finanzieren zu können. »Ich habe bis zum Platzen zu tun«, notierte er am 4. Januar 1925 in einem Brief an Sophie Küppers.

Für seinen russischen Kollegen Malewitsch übersetzte er dessen Texte in die deutsche Sprache, schrieb Artikel für die Schweizer Zeitschrift »ABC« und arbeitete mit Hans Arp an einem gemeinsamen Buchprojekt. Das Buch »Die Kunstismen« sollten die zurückliegenden Kunstereignisse

Die Wallfahrtskirche Madonna del Sasso

der letzten Jahre publizieren. El Lissitzky experimentierte mit sogenannten »Fotogrammen« und neuen typographischen Entwürfen.

Es blieb aber auch Zeit für gemeinsame Ausflüge, von denen Sophie Küppers berichtete: »Um etwas für Zerstreuung nach der Arbeit zu sorgen, kletterte ich mit den Arps über die Berge in das berühmte Valle Maggia, das mit seinen uralten Nussbäumen, an denen sich der Wein emporrankte, die überstandenen Strapazen des besonders langen Abstiegs vergessen ließ.«

Mit graphischen Arbeiten belieferte er die Firma Pelikan. »Im November habe ich 11 große Entwürfe (Plakate) geliefert. Ist es nicht Blödsinn? Ich kann doch nicht auf der Apothekerwaage abwiegen, wie viel ich zu schaffen habe. Nein, mir wird die Sache ekelhaft. Das ist das Gesicht des Kapitalismus«, beschwerte sich der Künstler über die

Vereinbarungen mit der Firma Pelikan auf der Rückseite eines Plakatentwurfs.
1925 kam für den Kurgast El Lissitzky endlich der Zeitpunkt der Genesung und damit die langersehnte Abreise. Der Künstler kehrte später, nach einem Aufenthalt in Berlin, in die Sowjetunion zurück.
Orselina war auch Lebensstation eines der bedeutendsten Maler des 20. Jahrhunderts: Paul Klee. Seit Mitte der dreißiger Jahre litt er unter Sklerodermie, einer seltenen Autoimmunkrankheit. Am 10. Mai 1940 begab er sich auf seine letzte Reise in das Tessin. Er kam zu einem Kuraufenthalt in das hiesige Sanatorium. Einen Tag später schrieb er seiner Frau Lily:
»Ich bin ganz gut gereist, aber in Bellinzona war ich dann sehr froh über das Auto, zudem war es gerade dort sehr schwül. Auf der Nordseite genoß ich die berückenden Frühlingsbilder. Tessin ist jetzt nicht so heiter. Hier im Kurhaus gut empfangen, richte mich allmählich häuslich ein. Mit der Diät geht es wahrscheinlich ganz gut, es kommt ja mehr auf die Mechanik des Schluckens an, bekömmlich, und das wird jedes Mal besprochen, Tag für Tag.«
Mehrfach weilte Paul Klee am Lago Maggiore. In Ascona bei Marianne Werefkin soll er sich aufgehalten haben, als ihn Ende Oktober 1920 ein Telegramm des Staatlichen Bauhauses in Weimar erreichte und ihm das Angebot einer Lehrtätigkeit zukommen ließ: »Lieber verehrter Paul Klee. Wir lassen einstimmig den Ruf an Sie ergehen, zu uns als Maler ans Bauhaus zu kommen.«
Das Bauhaus in Weimar steckte seinerzeit in seiner ersten großen Krise, weil sich nicht wenige Vertreter der alten großherzoglichen Akademie vom neuen Kurs der 1919 gegründeten Schule abwendeten und sie verließen. Gropius suchte dringend Lehrpersonal für sein Konzept. Er erin-

nerte sich an Paul Klee, der inzwischen in den international bedeutenden Galerien und Ausstellungen kein Unbekannter mehr war. Im legendären »Ersten Deutschen Herbstsalon« in Berlin war er mit seinen Bildern vertreten, eine erste Gesamtschau seiner Werke fand 1920 statt, und auch die ersten beiden Monographien waren gerade über ihn erschienen. Paul Klee packte seine Koffer und betrat in Weimar die Bühne der legendären Kunstschule, der er erst 1930 in Dessau wieder den Rücken kehrte. In die Schweiz kam er nach 1933 als Emigrant zurück.
Noch einmal führte es ihn 1940 an den Lago Maggiore. Gezeichnet von der Krankheit, hatte er dennoch ein arbeitsintensives Jahr hinter sich. Als ob er ahnte, daß ihm nicht mehr viel Zeit blieb, hinterließ er ein Jahr vorher 1253 Arbeiten, davon ein Großteil Zeichnungen. Zahlreiche Motive ähneln Metaphern des Übergangs. Ein Blatt zeigt einen Mann liegend in einer Barke, die von einem Ruderer gesteuert wird. Es trägt den Titel »Kranker im Boot«.
»Natürlich komme ich nicht von ungefähr ins tragische Geleis, viele meiner Bilder weisen darauf hin und sagen: es ist an der Zeit«, schrieb Paul Klee in jenen Tagen vorausahnend.
1940 fand in der Schweiz noch einmal eine Jubiläumsausstellung statt, die zum großen Publikumserfolg wurde. Nach der Einweisung in das Sanatorium von Orselina verschlechterte sich sein Gesundheitszustand rapide, und man verlegte ihn in die »Clinica Sant' Agnese« in Muralto unten am See, wo er am 29. Juni 1940 starb. Ein großer Teil seines künstlerischen Nachlasses befindet sich in Bern, wo im Jahr 2005 ein neues Paul Klee-Museum eröffnet wurde.

Spaziergang nach Minusio

Ein Spaziergang führt uns nun nach Minusio. Wir starten am Seeufer Locarnos, an den Schiffsanlegestellen hinter dem Bahnhof. Der Weg führt auf der Uferpromenade an Muralto vorbei. Rechts schaut man auf den See, links blickt man auf die nüchternen Konfektionsfassaden der Hotelbauten, die vorwiegend in den sechziger und siebziger Jahren entstanden. Geradeaus geht es auf dem belebten Fuß- und Radweg zwischen üppiger Vegetation weiter. Manchmal verschwindet für kurze Zeit der See hinter Zaunanlagen, auf denen Schilder wie »privato« auf das Ende des öffentlich zugänglichen Seeufers hinweisen. Manche Schilder tragen auch die Aufschrift »Attenti al Cane«, um auf die noch nicht sichtbaren Vierbeiner hinzuweisen, die ungebetene Gäste auf Distanz halten sollen.

Nach einer Weile erreichen wir die Chiesa de Chirico, eine romanische Kirche aus Natursteinen mit einem etwa fünf Meter davor gestellten Campanile. Ihre Innenausstattung zeigt, neben einer schlichten barocken Gestaltung, Fragmente mittelalterlicher Fresken an den Wänden. Den heiligen Quirico sieht man in einer Apsis hinter einer Glaswand mit Schwert. Ihm gegenüber steht die heilige Lucia mit frommem Blick.

Hier in der Nähe befindet sich der Friedhof von Minusio mit dem Grab des Dichters und Schriftstellers Stefan George. Die Straße führt vom Uferweg über die Bahnschienen hinweg in die Via Remorino. Kurz vor ihrem Ende sieht man auf der rechten Seite ein modernes Flachdachgebäude aus schlichtem Beton mit dem dazugehörigen Friedhof. Der Eingang befindet sich an der Hauptstraße. Der Friedhof erinnert kaum an die uns bekannten Bilder eines historisch gewachsenen Ortes. Mit seinen nüchtern gestalteten Grabflächen, zwischen denen wir auch die Granitplatte mit dem Namenszug Stefan Georges finden, wirkt er sonderbar aufgeräumt. Aus der Geschichte des Ortes erfahren wir, daß der alte Friedhof in den sechziger Jahren geschlossen wurde und zahlreiche Grabstellen, so auch die von Stefan George, verlegt wurden.

George starb 1933 in Minusio, nachdem er kurz zuvor das Angebot der neuen nationalsozialistischen Machthaber in Berlin abgelehnt hatte, eine führende Position in der Akademie der Künste für den Bereich Dichtung zu übernehmen. »Zwar bin ich der Ahnherr jeder nationalen Bewegung, wie aber der Geist in die Politik kommen soll, kann ich ihnen nicht sagen«, lautete seine Antwort auf die Bemühungen nationalsozialistischer Kulturpolitiker.

1931 hielt sich George erstmals in Minusio auf und bewohnte den Winter über eine alte Mühle. Im Jahr 1933 kehrte der gealterte Schriftsteller dem nationalsozialistischen Deutschland endgültig den Rücken und zog sich an den Lago Maggiore zurück.

»Als ob er die Querelen seiner Person satt hatte, legte sich

der Meister Anfang Dezember 1933 zum Sterben«, schrieb Hans Bentzien in seiner Biographie über *Claus Schenk Graf von Stauffenberg*.
Die »Clinica Sant' Agnese« in Locarno wurde im selben Jahr seine letzte Station. Die Brüder Stauffenberg, die in den Jahren vorher bereits dem engen Kreis Georges angehörten, eilten an den Lago Maggiore, um vor dem Bett des von ihnen glühend verehrten Dichters die Sterbewache zu halten. Einer von ihnen war Claus Schenk Graf von Stauffenberg, der 1944 mit dem Attentat auf Hitler Geschichte schreiben sollte. Als Jugendlicher befand er sich in der Nähe des elitären Zirkels um George und sprach dessen Gedichte auswendig. Unter Ausschluß der Öffentlichkeit und nur im kleinen Kreis seiner Anhänger fand Georges Beisetzung statt. Einige Tage später wurde ein Kranz durch das NS-Erziehungsministerium an seinem Grab niedergelegt.

Wir kehren zum Ufer des Sees zurück, wo uns der Weg weiter zur Villa Baronata führt. Wir kommen an einem wuchtig wirkenden Gebäudekomplex vorbei, der mit seinem Wehrturm wie eine Trutzburg wirkt. Einer Hinweistafel entnehmen wir ihre Geschichte. In den ersten Jahren der eidgenössischen Herrschaft im Tessin, zwischen 1540 und 1580, wurde hier eine Kaserne errichtet. Auf unserer weiteren Wegstrecke werden die Gärten der Villen größer und die Pflanzen opulenter. Riesenhafte Agaven wachsen aus Mauervorsprüngen vor den Häusern, deren große Eisentore sich per Fernbedienung öffnen.
Bald ragt in der Ferne imposant die Villa Baronata zwischen den Bäumen heraus. Das Haus befindet sich am Ende des Sees zwischen Minusio und Tenero. Der Name des Anwesens erinnert an die Baronin Antonietta Saint-

Léger, die hier zum Ende des 19. Jahrhunderts eine Weile lebte. Es ist die mit Abstand größte Villa in der Umgebung, früher war sie über einen eigenen Bootsanleger direkt mit dem See verbunden. Aus dieser Zeit stammen die Erinnerungen eines Besuchers, der sich mit einem Boot näherte:

»Wir setzten quer über die Bucht und näherten uns bald dem Ufer, das sich in hohen steilen Hügeln erhob, die auf einer gewissen Höhe mit Gebüschen bewachsen waren. Den See entlang wand sich die nach Locarno führende Landstraße, etwas höher erblickte man Landhäuser. Als wir gelandet waren, gingen wir auf einem schmalen Fußpfad den Berg hinauf und traten durch ein Pförtchen ein. Ich erblickte vor mir ein einstöckiges Haus mit verblaßten Mauern, die einmal gelb angestrichen gewesen sein mußten. Die Vorderfassade, die auf den See hinausging, war höher als die hintere, wie es gewöhnlich bei Häusern zu sein pflegt, die auf einem steilen Abhang gebaut sind. Die dikken Steinmauern gaben diesem alten Gebäude, welches mir sehr wenig wohnlich erschien, das Aussehen einer kleinen Festung. Als wir hineingingen, schlug uns ein feuchter und muffiger Geruch entgegen. Die Hinterzimmer waren dunkel, da die Fenster derselben auf einen steil hinter dem Haus aufragenden Berg hinausgingen, wo ein kleiner Obstgarten angepflanzt war. Dafür bot das Haus viele Bequemlichkeiten zur Einrichtung eines Zufluchtsortes.«

Auf dem Boot befanden sich 1873 Vladimir Debagorij-Mokrievič und Michael Bakunin, politischer Schriftsteller, Berufsrevolutionär und spätere Ikone der Anarchisten. Die Erinnerungen stammen aus der Feder von Debagorij-Mokrievič und sind in *Unterhaltungen mit Bakunin* nachzulesen. Für kurze Zeit bildete die Villa im 19. Jahrhundert einen konspirativen Treffpunkt politischer Emigranten aus

Rußland und Italien. So manche der hier besprochenen Dinge waren nicht für die Öffentlichkeit bestimmt. Darüber gibt uns der Autor weiter Auskunft:
»Man konnte sich von hier aus unbemerkt bis zum See durchschleichen und dann jede beliebige Richtung einschlagen. Italien konnte man, das Zollhaus vermeidend, in einem Kahne erreichen. Bakunin begann davon zu sprechen, wie ›sie‹ (d. h. die italienischen Revolutionäre und er mit ihnen) in diesem Hause eine ›fliegende Druckerei‹ einrichten und im Augenblick des Aufstandes Proklamationen drucken, wie sie hier ein Waffenlager errichten, Congreve-Granaten und andere Werkzeuge zum Aufruhr anhäufen und sie nach Italien hinüberschaffen würden (...)«
Der Ort schien ideal für derartige Vorhaben und Zusammenkünfte. Italiens Grenzübergänge waren nicht weit. Bekannt war auch, wie man sie unbemerkt hinter sich lassen konnte. Bakunin war das geistige Zentrum des Hauses und auch vorübergehender Besitzer. Seit November 1869 hielt er sich in Locarno auf, wo er an der russischen Übersetzung des »Kapitals« von Karl Marx arbeitete. Das Honorar war schnell aufgebraucht, so daß ihn Freunde aus Exilkreisen mit Geldzuwendungen unterstützten. Im Juni 1870 war er völlig bankrott. »Ich bin dem vollständigen Ruin nahe und sehe keinen Ausweg. Ich habe Schulden zu bezahlen, aber meine Börse bleibt immer leer, ich habe nicht einmal das Lebensnotwendige und weiß nicht mehr was tun. Wahrscheinlich werde ich hier bleiben«, zitierte Romano Broggini den in eine bedrohliche Existenzkrise geratenen Bakunin in *Anarchie und Befreiungsbewegungen um 1870 in der Gegend von Locarno*.
Düstere Aussichten für Bakunin, der sich am Ende einer rastlosen Odyssee, quer durch verschiedene Städte Euro-

pas, auf einen längeren Aufenthalt im Tessin vorbereitete. Eine Zeitlang wohnte er in der Nähe der Piazza Grande in Locarno. Schließlich richtete er sich in der Villa Baronata ein. Ricarda Huch zeichnete ein Bild des Revolutionärs jener Tage in *Michael Bakunin und die Anarchie*:

»Vor der Welt sollte Bakunin als der Besitzer des Hauses erscheinen, dessen doppelten Zweck natürlich niemand ahnen durfte, und dazu war notwendig, daß er den Eindruck eines ruhigen, wohlhabenden Bürgers machte. Er pflegte in einem uralten Anzug und Mantel einherzugehen, der übrigens dem Imponierenden seiner Erscheinung keinen Abbruch tat; aber man fand nun doch für gut, ihn neu auszustaffieren, damit er besser für die Rolle des Hausbesitzers passe.«

Die kleine Gemeinschaft rückte in der Villa zusammen und begann das Haus erst einmal bewohnbar zu machen. Steine wurden für Ausbesserungen sowie Anbauten herangeschleppt, Ställe gebaut und ein Obstgarten gepflanzt. Olimpia Kutuzova, eine der weiblichen Akteurinnen der Villa, berichtete über die gesundheitsbewußte Ernährung der Kommune:

»Das Leben in der Baronata wurde ganz selbstverständlich nach kommunistischen Grundsätzen gestaltet: Arbeiten und Pflichten wurden möglichst gleichmäßig verteilt; die Männer arbeiteten im Wald, hackten Brennholz, machten Heu, bestellten den Gemüsegarten, wodurch wir reichlich mit Rohkost, Gemüse, Beeren, Kastanien und Früchten versorgt waren. Wir hielten auch Hühner und Kühe. Da die Versorgung des Viehs nach italienischer Sitte zu den Pflichten der Männer gehörte, fütterte und melkte Carlo Cafiero unsere Kuh. Die Frauen wuschen die Wäsche, kochten, machten den Abwasch und überhaupt alle Hausarbeiten. Wir ernährten uns hauptsächlich von den Produkten der Baronata: Kastanien, alle Arten von Gemüse, Früchten und Beeren. Fleisch erschien jedoch nur selten auf unserem Tisch.«

Das klingt beinahe idyllisch, aber die Wirklichkeit holte die kleine Gemeinschaft schnell wieder ein. Das Projekt war hoch verschuldet und Bakunins finanzielle Situation wieder einmal auf dramatische Weise prekär. Noch einmal flüchtete der alternde Berufsrevolutionär 1874 auf die vermeintlich bedeutungsvolle Bühne weltpolitischer Ereignisse nach Bologna. Aber auch hier brach der Aufstand zusammen. Die letzten Spuren seiner Lebensstationen lassen sich im Wallis und Lugano verfolgen. 1876 starb er in Bern.

Ausflug in das Maggia-Tal

Solduno · Ponte Brolla · Aurigeno · Maggia · Cevio Bignasco · Mogno

Unser nächstes Ausflugsziel ist das Maggia-Tal. Vom Bahnhofsvorplatz in Locarno aus erreichen wir das Tal entweder mit dem Postbus der Linie 10 oder mit der Centovalli-Bahn, die an der Station Ponte Brolla haltmacht, wo das Tal beginnt.

Wir beginnen unseren Ausflug im Ortsteil Solduno, der sich noch im Stadtbezirk von Locarno befindet. Auf der Suche nach dem ehemaligen Wohnhaus von Hans Arp gehen wir von der Haltestelle des Postbusses die Hauptstraße Via alla Maggia entlang. Die Contrada Maggiore führt uns schließlich in den alten Ortskern von Solduno. Via alla Vigne nennt sich die Straße, auf der wir in wenigen Minuten zu einem schön gelegenen Haus am Berghang gelangen. Ein Kakibaum ziert den großzügig angelegten Garten. 1959 ließ sich Hans Arp in Locarno nieder und bezog die Villa Ronco dei Fiori. Heute ist hier der Sitz der Stiftung Hans Arp. »Besichtigung nach Verabredung, Arbeitsstätte für einen Gärtner und einen Kunsthistoriker«, machte sich im Jahr 2001 eine bekannte deutsche Wochenzeitung über die abseits gelegene und wenig besuchte »Fondazione Hans Arp« lustig.

Tatsächlich gelangt man nur mit vorheriger Anmeldung in das Innere des Hauses. Von außen wirkt es eher wie ein gewöhnliches Privathaus im Grünen, nur die Freiplastiken im Garten deuten auf den hier einst lebenden Künstler hin.

Hans Arp gehörte zu den Künstlern im Umfeld des Züri-

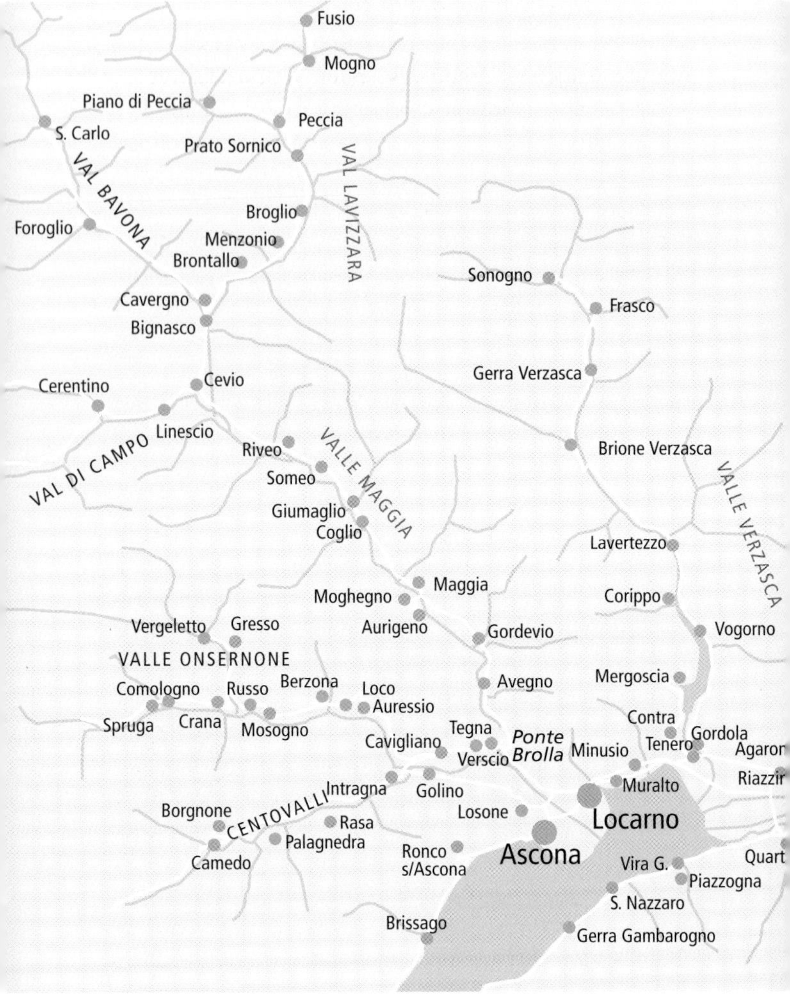
Fusio
Mogno
Piano di Peccia
Peccia
S. Carlo
Prato Sornico
VAL BAVONA
VAL LAVIZZARA
Broglio
Foroglio
Menzonio
Brontallo
Sonogno
Cavergno
Frasco
Bignasco
Gerra Verzasca
Cevio
Cerentino
Linescio
VAL DI CAMPO
Riveo
Brione Verzasca
VALLE MAGGIA
Someo
VALLE VERZASCA
Giumaglio
Coglio
Lavertezzo
Maggia
Moghegno
Corippo
Aurigeno
Vergeletto
Gresso
Gordevio
Vogorno
VALLE ONSERNONE
Mergoscia
Berzona
Avegno
Comologno
Russo
Loco
Auressio
Contra
Spruga
Crana
Mosogno
Tegna
Gordola
Ponte
Brolla
Tenero
Cavigliano
Minusio
Agaron
Verscio
Riazzir
Intragna
Muralto
Golino
Borgnone
CENTOVALLI
Losone
Locarno
Rasa
Palagnedra
Ronco
s/Ascona
Ascona
Camedo
Vira G.
Quart
Piazzogna
S. Nazzaro
Brissago
Gerra Gambarogno

cher Dada-Kreises, der von Hugo Ball 1916 im Cabaret Voltaire erstmals inszeniert wurde. Vielfach bereiste Arp das Tessin, so auch während des Ersten Weltkriegs mit seiner Lebensgefährtin Sophie Täuber, als man auch auf dem legendären Monte Verità zu Gast war. Die Schriftstellerin Claire Goll traf damals den Künstler und erinnerte sich an seine ungewöhnliche Arbeitsweise:
»In den Collagen jener Epoche benutzte Arp Bretter und Steine, ohne ihre Formen und Farben zu verändern. Er setzte sie nur zusammen, wie der Wind Zweige und welke Blätter zusammenweht. Arps glasklares und spontanes Wesen verbreitete einen kindlichen Zauber. Während er sich mit uns unterhielt, hörte er nicht auf, mit unglaublicher Leichtigkeit zu zeichnen. Nicht selten brachte er unter unseren Augen zehn, zwanzig, dreißig Zeichnungen hintereinander hervor: Kleckse, die Beine bekamen, Köpfe, die sich in Bäuche oder Hüte verwandelten. (...) Außerdem erntete er ja beim Spaziergehen das Material für seine Arbeit. Sophie Täuber begleitete ihn auf diesen Streifzügen und half ihm, bizarr geformte Äste und rundgeschliffene Kiesel zu sammeln. (...) Der Stein, der vom Regen gewaschen, von der Strömung herumgewirbelt wurde, brauchte keine Phantasie, um seine Form zu erreichen. Er kümmerte sich um keine ästhetische Komposition (...).«
Seit jenen Tagen beschäftigte er sich mit dem »Gesetz des Zufalls«, als er Collagen unterschiedlichster Materialien zusammensetzte. In den zwanziger Jahren entstanden die »papiers déchirés«, von Hand gerissene Papierfetzen, die er in neue Formen zusammenführte. Seine ersten Arbeiten verkaufte er während des Ersten Weltkriegs, aber erst nach 1945 gelang ihm der endgültige Durchbruch. 1954 gewann er den Großen Preis für Plastik auf der Biennale in Venedig. »Erschöpft wie der göttliche Dulder Odysseus bin ich vor

einigen Tagen in Ascona gestrandet«, bemerkte Arp nach der Preisverleihung. »Zum Glück wurde dabei auch mein Hosensäcklein mit ein wenig Geld gefüllt.«

Die Auszeichnung in Venedig brachte ihm endlich die internationale Anerkennung. In seinem Wohnhaus in Solduno lebte und arbeitete der Künstler die letzten Jahre seines Lebens, behielt aber immer noch sein Atelier im französischen Clamart. Zahlreiche Papierarbeiten entstanden im Tessin, viele seiner Plastiken in einem Atelier in Locarno. Im Garten der Villa Ronco dei Fiori finden wir auch einige seiner Skulpturen, als ob man sie einfach in die Natur hineingestellt hätte. »Die Kunst soll sich in der Natur verlieren. Sie soll sogar mit der Natur verwechselt werden«, schrieb er rückblickend auf seine Arbeit 1955 in *Unsern täglichen Traum*.

Weniger bekannt sind Arps Gedichte, die sich wie verspielte Wortcollagen lesen. Als er 1959 mit seiner zweiten Ehefrau Marguerite Arp-Hagenbach das Haus in Solduno bezog, erschien sein Textband *Mondsand*, den er ihr widmete:

Das Mondlicht
zerzittert die Wasserspiegel,
glitzert über Kiesel,
glitzert zwischen Halmen,
rinnt und rieselt
unter geigenden Zweigen,
wieselt über Wiesen
auf einer langen Silberzehe,
auf zehn langen Silberzehen,
auf zehn mal zehn langen Silberzehen
und versilbert selbst das Gold.

Die Via alla Vigne führt uns weiter zu Fuß in das Maggia-Tal. Die kleine Straße schlängelt sich den Berghang entlang, von wo wir auf das Flußbett der Maggia hinabschauen. Unter uns fährt unterirdisch die Centovalli-Bahn, deren Schienen von Locarno aus in den Berg hineinführen. Am Horizont zeichnen sich die Berge des Centovalli ab. Die Straße endet nach einigen Metern, wo ein Waldweg beginnt, der uns mit kleinen Steigungen durch einen Kastanienwald bringt. Traurig steht es heute um die Kastanien. Seit den achtziger Jahren macht die sogenannte Miniermotte den Bäumen arg zu schaffen. Das Tier legte enorme geographische Entfernungen zurück. Sie begann ihren »Feldzug« in Osteuropa und setzte sich später im Baumbestand Österreichs und schließlich Oberitaliens fest. Auch die Tessiner Wälder sind inzwischen seit Jahren sichtbar gezeichnet.

Die Kastanie galt über Jahrhunderte als Lebensbaum der Tessiner. Ohne sie wären viele Bewohner noch im letzten Jahrhundert vermutlich verhungert. Einst von den Römern nach Norditalien gebracht, war die Kastanie die Lebensgrundlage der Tessiner Bevölkerung. Ihre Vorräte, unterschiedlich geröstet und gekocht, brachten die Familien in den Bergdörfern über den Winter. Als Baustoff wurde der Baum verarbeitet, aus seinem Holz Zäune, Fenster oder Hausbalken gezimmert. Unentbehrlich war er für die Kamine. Als Brennstoff verschiffte man ihn über den Lago Maggiore in Richtung Italien. Die Blätter dienten dem Vieh als Futter.

Nicht immer war der Baumbestand an Kastanien so dicht wie heute. Noch in der ersten Hälfte des 20. Jahrhunderts zeigten sich zwischen den Bergen viel größere Lücken. Terrassenförmige Wiesen und Grundstücke wurden den Bergen als bescheidene landwirtschaftliche Nutzflächen abgetrotzt. Heute hat die bäuerliche Landwirtschaft komplett ihre Bedeutung verloren. Der Wald hat sich zurückgemeldet, aber die Kastanien verwildern großenteils. Für die Bewohner der Tessiner Täler wäre früher der Anblick faulender, auf dem Waldboden liegender Kastanienfrüchte wahrscheinlich unerträglich gewesen. Als Nahrungsmittel hat die Frucht heute weitgehend ausgedient. Große Mengen an eßbaren Maronen kommen auf Importwegen aus Italien und Frankreich. Allerdings erlebt die Tessiner Kastanie seit einigen Jahren wieder eine Renaissance. In Ascona findet alljährlich in den ersten Oktobertagen das Kastanienfest statt, wo in den Straßen der Altstadt der Dampf der gerösteten Früchte aufsteigt. Im Malcantone existiert ein Kastanienlehrpfad, für den der Tessiner Tourismusverband inzwischen wirbt. Auch kleine Tessiner Betriebe haben sich wieder der lang verschmähten Kastanie angenommen und bereiten daraus Pasta, Torten und Brot zu. Kleiner Geheimtip: Röstkastanie mit einem Glas Rotwein.

Am Ende unseres Weges in das Maggia-Tal beginnt nun wieder eine asphaltierte Straße, die uns von oben nach Ponte Brolla hinabführt. Der Eingang ins Tal könnte nicht spektakulärer inszeniert sein. Schmal und von zerklüfteten Felsen umgeben, windet sich die Maggia zwischen Felsen hindurch. Friederike Brun, 1775 Reisegefährtin an der Seite Viktor von Bonstettens, schrieb beim Anblick der überwältigenden Landschaft:

»Plötzlich blik' ich von jenem unbekannten lande ganz nachlässig auch einmal rechts – Ein lauter Schrei des Staunenden Entzükens! Welche Wandlung. – Über uns aufgethürmt rauer Granit in aller Pracht Seiner Natur Vor uns die Vesten Gründe der Erde aufgerissen, eine hohe Kluft in zwei oede sich einschlingende Granit felsen. (...) Tief zerborsten, hoch auf gähnend – die Maggia voll, stöhnend,

Bizarre Steinformationen in der Maggia

(...) draus hervor uns entgegen. Schweigend mit Klopfendem Herzen, in jener süssen Angst die bei diesen Erscheinungen der grauen Urzeit mich ergreift.«

Etwas nüchterner klingt es 1797 bei Viktor von Bonstetten, der schließlich nicht das erste Mal durch das Nadelöhr am Eingang des Tals ritt:

»Bei Ponbrolla am Eingang des *Mayenthals* oder *Valmaggia*, verliert sich die Maggia auf einmal in einem beinahe ¼ Stund langen Felsenbruch (...) in seiner ganzen Länge bis 100 Fuss tief so gespalten ist, dass wenn man die ganz an einander liegenden Theile einige Schuh näher zusammenstossen könnte, der Fels ganz und ungebrochen schiene. Da in diesem *Gneisgebirg* haben die Wasser seit vielen Jahrhunderten keine Spur hinterlassen, die Kanten sind überall so schneidend, dass man kaum die Spur der Zeit merken kann. Da stürzt der Fluss im Finstern durch tausend *Zickzack's* durch.«

Die Maggia hat sich hier eine ungewöhnliche und bizarr geformte Landschaft geschaffen, bevor sie sich in das breite Tal vor dem Lago Maggiore ergießt. Ein formgewaltiges Bild mit Höhlen, Vorsprüngen und sich verengenden Gesteinsmassen sieht man unter sich. Ein paar Restaurants haben sich diesen einmaligen Blick zunutze gemacht, man speist über jener grandiosen Kulisse. Gerhart Hauptmann setzte der Schlucht mit einer hier verorteten Geschichte ein literarisches Denkmal. Die Rede ist von *Till Eulenspiegel*, einem Nachkriegssoldaten, der in zerrissener Montur als Marktschreier in Schlesien auftaucht, mit einem Planwagen durch Deutschland zieht und schließlich am Ende seiner Reise im Tessin landet. Ausgerechnet bei Ponte Brolla suchte er sich den Ort aus, um seine lebensmüden Phantasien in die Tat umzusetzen:

»(...) Ruhig rinnt noch dahin das Geström über klaren Gesteinsschutt,
wenig Schritte bevor es zu wütendem Schrecken geweckt wird.
Ponte Brolla! Hier raset das Kind, und es tobet heraklisch
durch das zwängende Tor, weiterhöhlend die Höhlung des Flußbetts,
das, zu bleichem Gebein urweltlicher Wesen gedrechselt,
das Geschäumte bald teilet, bald hemmt und dann wieder freigibt.
(...) Tillen klingt es wie Orgeln des Abgrunds.«

Es ist der Schlußgesang Till Eulenspiegels, bevor er sich schließlich in die Fluten der Maggia stürzt. Wir belassen es bei respektvollen Blicken nach unten und verlassen den Ort des Schreckens. Die Straße führt uns weiter über Avegno und Gordevio, wo das Tal wieder weiträumiger wird.
Auf der anderen Seite der Maggia sehen wir auf das kleine Dorf Aurigeno, wo wir vielleicht auf Herrn Geiser treffen, von dem Max Frisch in *Der Mensch erscheint im Holozän* erzählt. Herr Geiser nahm Wadenkrämpfe auf sich, um bei trübem Regenwetter aus dem Onsernone-Tal über die Berge ins Maggia-Tal zu steigen. Möglich ist das: Eine Brücke führt über den Fluß nach Aurigeno, wo ein Wanderweg in die Berge beginnt. Hier im Dorf lebte die Schriftstellerin Patricia Highsmith, die zu Beginn der fünfziger Jahre mit dem Buch *Zwei Fremde im Zug* bekannt wurde. Das Haus aus Granitstein sah so aus »(...) wie ein Verlies aus *Der Graf von Monte Christo* oder so ähnlich«, schrieb sie 1980, kurz nachdem sie das Haus kaufte.
Während der Sommermonate kommen zahlreiche Touri-

sten in das Maggia-Tal. Es gehört zu den meistbesuchten Tälern im Tessin. Still wird es dann in der kalten Jahreszeit. »Im tiefsten Winter, Anfang Dezember, kam ich mir vor, als lebte ich in einem U-Boot. Das U-Boot ist mein Haus«, schrieb Patricia Highsmith 1983 in *Untergetaucht im Tessiner Winter.* »Und ich lebe in einem Dorf, das schon im Sommer viel ruhiger ist als Lugano oder Locarno. Und nun erst im Winter. Im Winter hat es so alles in allem 105 Einwohner. Eine englische Freundin, die mich gerade ein paar Tage besuchte, fand, daß das Dorf völlig unbewohnt wirke, obwohl wir zum Postamt gegangen waren und dort außer dem Postler in seinem kleinen Büro sogar noch eine Person angetroffen hatten. (...)
Das Dorf liegt auf der Seite des Valle Maggia, die weniger Wintersonne empfängt und hat zwei parallel verlaufende Straßen, gepflastert, aber nur für je eine Richtung zugelassen, was die Autos zwingt, langsam zu fahren. Es gibt keinen Bäcker, keinen Fleischer, nur einen kleinen Lebensmittelhändler. Eine Trattoria dient als Café-Bar und bietet heiße Gerichte, wenn man zufällig die Stunden trifft, in denen der Chef kocht.«
Bis 1987 lebte sie hier. In jenem Jahr zog sie nach Tegna, wo sie ihre letzten Lebensjahre bis zu ihrem Tod 1995 verbrachte.

Uns zieht es weiter in Richtung Maggia, dem Dorf am Rande des gleichnamigen Flusses. Kurz vor dem Ort sehen wir an der Hauptstraße bereits die Kirche S. Maria delle Grazie. Durch den alten Dorfkern sind 1917 auch Hugo Ball, seine Lebensgefährtin Emmy Hennings, deren Tochter Annemarie sowie der junge Friedrich Glauser gekommen. Von hier brachen die vier zu einer Wanderung auf, die sie auf eine entlegene Alp führte. Hugo Ball hat in *Die Flucht*

aus der Zeit den gemeinsamen Weg in abseits gelegene Höhen mit ein paar Zeilen beschrieben:
»Seit zehn Tagen hier oben auf der Alp Brusada im Maggiatal. Es ist ein Klettern über gefährliche Lawinenstürze, Schluchten und Felsübergänge, will man die Alp finden. Fremde können sie von weitem sehen, aber nicht erreichen. Ein schmaler Pfad, den man gebückt passieren muß, führt, im Heidekraut verloren, an steiler Felswand zu uns hin. Ein wahres Inferno von Wasser, Schlucht und Getöse tritt dem Besucher entgegen. Zwischen blühenden Kirschbäumen, auf einer von tausend Zikaden bewohnten Wiese liegt dann unsere Hütte. Wir haben ebenso weit zum ewigen Schnee wie zum nächsten Dorf.«

Man hatte schwer an Gepäck zu tragen, denn nur zum Müßiggang war die Wanderung nicht gedacht. »Hugo hatte den großen Tragkorb, der mit deutscher Philosophie angefüllt war, auf dem Rücken, während Annemarie und ich ähnlich ausgestattet, mit Lebensmitteln, Kleidung, Schreibmaschine, Kochgeschirr und Kaffeemühle beladen waren«, klagte Emmy Hennings in *Ruf und Echo* über die Plackerei der Wanderung.
Über die Berghütte und die gemeinsamen Tage lieferte Friedrich Glauser in *Dada, Ascona und andere Erinnerungen* ein paar Anhaltspunkte: »Unser Wohnhaus war ein Schuppen. Wir schliefen auf Bergheu. In der Nähe brauste durch Nacht und Tag ein Wasserfall. Spitze Gipfel umsäumten unser Haus, und nah war uns der Schnee der Gletscher. Wir verteilten unter uns die Stunden des Tages zur Benützung der Schreibmaschine. Emmy Hennings schrieb an der Geschichte ihres sonderbaren Lebens, Ball arbeitete an einem Bakunin-Brevier, ich war sehr faul und schrieb nur selten eine Seite. (...) Nur einmal in der Woche gingen

wir nach Maggia hinab, um Lebensmittel zu holen und die Post.«

Die Flucht in unzugängliche Berghöhen hatte ihre Gründe. Hugo Ball wollte dem nervenaufreibenden Treiben des Dada-Spektakels in Zürich entrinnen, das er kurz zuvor mit der Gründung des »Cabaret Voltaire« selbst entfacht hatte. Der Schriftsteller Friedrich Glauser floh vor den Beaufsichtigungen seines Vaters, der ihn ein Jahr später entmündigen ließ. Als das Geld ausging, packte man die Rucksäcke und rüstete sich wieder für den Rückweg. Glauser kehrte bereits etwas früher nach Zürich zurück, und Hugo Ball und Emmy Hennings mieteten vorübergehend am Seeufer von Ascona ein Zimmer. Wer sich auf die Suche ihres Aufenthaltsortes begibt, wird vermutlich endlos durch die Berge irren, denn die Bewohner jener Alp hinterließen keine genaue Adresse. Wanderwege in diese Richtung bleiben empfehlenswert, denn man wird zumindest mit einer beeindruckenden Landschaft belohnt.

Für uns geht der Weg von Maggia weiter, vorbei an den kleinen Dörfern bis Cevio, wo sich das Tal teilt. Ein volkskundliches Museum hat man hier in einem Palazzo aus dem 17. Jahrhundert eingerichtet. Dort findet man auch ein Grotto für Weinkelterei und Destillation vor. Auch den Autor Eduard Osenbrüggen zog es während einer Tessiner Reise 1877 nach Cevio. Er erlebte die Atmosphäre, die die meisten Tessin-Besucher heute kaum mehr oder nur als nostalgische Folklore zu Gesicht bekommen:

»Es war das Grottenleben in der einfachen Ursprünglichkeit. In einer phantastischen Felsenwelt (...) verbrachte ich dort mit meinen jungen Freunden eine gemüthliche Spätnachmittagsstunde. Die Sonne war schon hinter der Felswand verschwunden, hatte aber noch eine magische Beleuchtung zurückgelassen. Auf dem Steintische stand der zu einer richtigen Grotte gehörige boccale, ein bunter irdener Krug, und statt der Gläser dienten, wie es die Regel ist, bunte Schalen aus Thon, wie man sie auch zum Kaffee gebraucht. An einem andern Tische sassen Landleute, welche sich der Schalen nicht bedienten, sondern den Krug in die Runde gehen liessen. Zubehör zum Wein sind regelmässig Salami und auch gekochter Schinken«, lesen wir in *Der Gotthard und das Tessin mit den oberitalienischen Seen*.

Solche Grotti sind im Tessin selten geworden, auch weil sie als Lagerräume in der Regel ausgedient haben. Die Bewohner nutzten die Steinhöhlen einst wie vorindustrielle Kühlschränke. Als Vorratsräume für Wein, Milchprodukte und Wurst leisteten sie gute Dienste. Die meisten jener historischen Grotti stehen heute leer, werden als Schuppen oder Rumpelkammern benutzt. Wer sich auf die Suche nach traditionellen Grotti macht, sollte am Ende breiter Zufahrtswege oder an großflächigen Parkplätzen gesunde Skepsis walten lassen, denn nicht immer hält der Name, was er verspricht.

Wir fahren weiter ins Lavizzara-Tal. Noch einmal teilt sich bei Bignasco die Straße: Links geht es ins Bavona-Tal, wo man sich den eindrucksvollen Wasserfall von Foroglio anschauen kann. Rechts führt die Straße weiter durch das Lavizzara-Tal bis Mogno. Ein Blick auf die Karte verrät uns, daß der Ausflug uns wieder zurück in die Nähe des Gotthards geführt hat. Etwa zwanzig Kilometer Luftlinie sind es von hier bis Airolo.

Hoch in den Bergen liegt Mogno, wo wir Unerwartetes vorfinden. Der international beachtete Tessiner Architekt Mario Botta hat den Ort durch einen spektakulären Neubau bekannt gemacht. Schon von weitem sieht man die Kirche, die wie ein riesiger, aus dem Boden herauswach-

Tessiner Steinhäuser

sender Zylinder wirkt. Sie wurde als Ersatz und in Erinnerung an die 1986 durch eine Lawine zerstörte Kirche gebaut. Vor allem Architekturinteressierte pilgern nach Mogno, denn Bottas Entwurf sprengt die konventionellen Vorstellungen, die man gewöhnlich von einem solchen Bau erwartet. Aus der Nähe entdeckt man die Details des ungewöhnlichen Baus: Aus den geometrischen Formen von Rechteck, Ellipse und Kreis entwarf der Architekt das Gebäude. »Botta arbeitet mit der reinen Geometrie. Sein Thema ist klar. Hier die Natur, da die Architektur«, sagte sein Kollege Luigi Snozzi zu seiner Architektur.
Die Mauern sind im rhythmischen Wechsel von Steinquadern und Marmorstreifen gestaltet. Begehbar ist die Kirche durch eine Außentreppe, die auf eine Terrasse führt. Sehenswert ist der Innenraum der Kirche, der durch die von oben einfallenden Sonnenstrahlen Licht erhält. Wie ein ge-

waltiges und gleichzeitig zerbrechliches Monument wirkt der Bau vor dem Hintergrund jener Naturereignisse, die auch Teile des Dorfes zerstörten.

Mit solchen Naturkatastrophen leben die Menschen in den abgelegenen Tälern seit Jahrhunderten. Bereits im 17. Jahrhundert riß eine Lawine den Ort teilweise mit sich fort. 1834 führten lang anhaltende Regengüsse zum Überlaufen der Maggia. Lawinen richteten zusätzlich verheerende Schäden an. Zahlreiche Regionen und Orte der Alpen waren seinerzeit davon betroffen, so daß die Schweizer 1835 eine Untersuchungskommission ins Leben riefen, um die katastrophalen Schäden festzustellen. Hierin ist zu lesen:
»Hinter Locarno, ist das Val Maggia (in der Gegend Lavizzara genannt), schrecklich zerstört worden, und das Flussbett nimmt nun auch hier fast überall die ganze Talbreite ein. In Cevio, dem Hauptorte, ist die schöne Straße weggerissen; nur der mittlere Bogen steht noch. Am Ärgsten sieht es aber in Peccia aus, wo eine Art Bergsturz Statt fand und die Scheunen und Felder so wie die Straße gänzlich weggerissen wurden. Die oberste Gemeinde Fusio ist durch diese Straßenzerstörung gänzlich abgeschnitten (...).«
In Avegno findet man noch kleine Dämme aus Stein, die man als Schutz vor den Überflutungen der Maggia errichtete. Mancherorts waren solche Naturereignisse auch hausgemacht. Vor allem in jenen Bergregionen, wo die Holzwirtschaft florierte und damit der Kahlschlag einsetzte, schuf man in den vergangenen Jahrhunderten immer wieder ideale Erosionsbedingungen für hinabstürzende Geröllmassen.

Ausflug in das Verzasca-Tal

Mergoscia · Vogorno · Corippo · Lavertezzo Brione · Sonogno

Wir machen uns nun auf den Weg in eines der schönsten Täler im Tessin. Das Verzasca-Tal erreichen wir mit dem Stadtbus, der vor dem Hauptbahnhof von Locarno startet. Über Tenero führt die Straße in Richtung Gordola, wo sich der Eingang ins Tal befindet (siehe Karte S. 70). Die heutige Verkehrsverbindung zu den abgelegenen Dörfern entstand erst in der zweiten Hälfte des 19. Jahrhunderts. Nicht ganz so komfortabel verlief die Anreise in früheren Zeiten. Viktor von Bonstetten vermittelte 1795 einen Eindruck seiner Reise in die wilde und zerklüftete Landschaft der Verzasca:

»An allen Stellen hörte man das dumpfe Getös des ungesehnen Waldstroms, der im zackigen Felsenbett herum schäumt. Oft sind die Felsen am Abgrund glatt und abschüssig, so dass ich tausendmal glaubte, dass unsere Pferde weder vorwärts noch rückwärts kommen würden und in den Abgrund stürzen müssten. Einmal bemerkte ich, dass kein Pferd einen Theil seines Fusses über dem Abgrund hatte, doch gingen diese an Felsen gewöhnte Pferde so gemsenartig über die Felsen, ich war bald so an die unaufhörliche Gefahr gewöhnt, dass ich auf der Rückreise auf meinem Pferde ganz ruhig sitzen blieb und ein grosses Vergnügen empfand, so adlermässig in der Luft zu hangen.«

Weit war der Weg der Bewohner aus den abgelegenen Dörfern an den See oder nach Locarno. Ein Blick in die Chronik des Tals im 14. Jahrhundert zeigt historische Ereig-

nisse der besonderen Art, als sich aufsässige Bewohner gegen die Adligen Locarnos zur Wehr setzten. Zur Zeit der helvetischen Republik 1799 wurde berichtet, daß aufgebrachte Verzasker nach Locarno zogen, um ihre Interessen vehement kundzutun. »Am 3. Mai 1799 zogen 200 Mann aus dem Verzasca nach Locarno und stürzten dort den Freiheitsbaum«, schrieb Max Gschwend in *Das Val Verzasca.* »Sie zogen sich wieder in ihr Tal zurück, nachdem man ihnen die Kosten der militärischen Besetzung während der Wirren, die wegen der Rekrutierung im Verzasca ausgebrochen waren, zurückerstattet hatte.«
Die Geschichte der Tessiner Bergdörfer ist auch eine Geschichte unbeschreiblicher Armut. Je abgeschiedener, desto kärglicher waren die Lebensverhältnisse. Die meisten Bewohner lebten von einer bescheidenen Landwirtschaft und Viehzucht. Polenta, Kastanien und Milch nahmen den Hauptanteil des täglichen Speiseplans ein. An klimatisch vorteilhaften Berghängen, wie bei Mergoscia, baute man ein wenig Wein an. Auch die Leinenweberei war hier im Tal verbreitet. Die Landflucht ließ immer wieder Bewohner oder komplette Familien abwandern. Viele, die blieben, schickten ihre jungen Söhne nach Italien, die dann als Kaminfeger für ein paar Almosen durch Mailands Schornsteine krochen.
Auf dem weiteren Weg entlang der Verzasca treffen wir auf einen künstlichen See, den Lago di Vogorno. Er ist das Ergebnis eines gigantischen Staudammprojektes aus den sechziger Jahren. Die Straße, auf der wir fahren, wurde aus diesem Grund seinerzeit beträchtlich höher gelegt. Piero Bianconi, 1984 verstorbener Schriftsteller aus dem Tessin, widmete dem Projekt, das in einer Zeit der Fortschritts- und Technikeuphorie große öffentliche Aufmerksamkeit erhielt, eine ausführliche Betrachtung. Der Bau des

Staudamms steht am Anfang seines Buches *Der Stammbaum*, der melancholisch gefärbten Geschichte einer Tessiner Familie aus Mergoscia, deren Erzähler Piero Bianconi Zeuge jenes Eingriffs wird.

»Ich betrachte das gleichmütige Wasser, das immer höher steigt, die Wolken, die sich in den schmutzigen Fluten spiegeln, wie die fernen Häuser von Vogorno, jene Häuser, die stehen bleiben und jene andern, die dazu verurteilt sind, zu verschwinden.«

Mit seinem Sohn Filippo begibt er sich auf einen Spaziergang zum Ort des Geschehens. Hier nehmen sie zur Kenntnis, wie das kleine Dorf Tropino und die alte Straße verschwinden. Mit staunendem Blick betrachtet Bianconi den Eingriff der vermeintlich verheißungsvollen Technik in die Natur.

»Die Talsperre ist fast beendet. Es herrscht intensiver Arbeitseifer und Werklärm. Antennen, Krane, Silos, Zement und zerkleinertes Berggestein bilden die große, gewalttätige Mauer, die das Tal absperrt. Auf dem tadellosen doppelten Bogen wimmelt es von Arbeitern wie von Ameisen. Mit dem Rauschen geölter Räder transportieren die Schiebekarren die letzten Betonladungen.

Wir gehen auf der Steinmauer. Grauer Zement, aus dem da und dort Eisenstücke herausragen. Sie bilden das Skelett dieses steinernen Organismus, der nicht tot und starr, sondern – wie mir Filippo erklärt – elastisch, vibrierend, kurz: lebendig ist. Es herrscht Weltuntergangsstimmung: ein rasend schnelles und doch geregeltes, fast ruhiges Hin und Her, das seinen eigenen Zauber hat. Von der mächtigen Mauer gestaut, steigt das Wasser und verschlingt ganz langsam abschüssige Böschungen, Felder und Ställe, überschwemmt eine Welt undenklicher, namenloser Mühsal, um Energie, Wärme und Licht hervorzubringen. (...) Auf der alten Straße, die morgen unter Wasser liegt, spaziere ich allein nach Vogorno weiter. Es werden dort bald nur noch Forellen schwimmen, vielleicht ein wenig betäubt von all dem Neuen.«

Für Bianconi verschwindet mit dem Stausee auch das kulturelle Gedächtnis des Ortes. Er begibt sich auf den Weg nach Mergoscia, wo er seine Kindheit verbrachte, und beginnt dort die Geschichte seiner Familie sowie ihrer Vorfahren zu erzählen. Wie ein Labyrinth erscheint ihm der Ort mit seinen Granithäusern, verwinkelten Außentreppen und Gängen.

»An einigen Stellen erkenne ich noch die abgewetzten Steine, geglättet von unendlich vielen Schritten; jenen bläulichen, weiß geäderten, und die Treppenstufe, die unter dem Fuß wackelt wie vor sechzig Jahren. Und das hier sind die Stufen, auf denen die genagelten Schuhe des Großvaters erklangen, worauf denen im Haus die Worte im Mund erstarben. Ich finde tausend Dinge wieder, aber das Bild von einst finde ich nicht mehr. Das Weiß des Verputzes blendet im sonnigen Hof des Großvaters Rusconi und verjagt die dünnen Schatten der vielen Toten. Alles ist viel zu sauber. Und auch der Geruch ist derjenige fremder Leute. Es bleibt nur das naive Fresko auf der Mauer, die Mutter Gottes, die den toten Sohn im Schoß hält, und die einst einer meiner Vorfahren im 18. Jahrhundert malen ließ.«

Heute werden viele der Häuser nur durch die Urlauber oder Tessiner instandgehalten, die für ein Wochenende oder die Sommerferien aus den Städten in die Häuser der vorigen Generationen zurückkehren. Nicht selten findet man Schilder mit der Aufschrift »vendere«, nicht selten auch in deutscher Sprache. Von oben schaut man auf den künstlich geschaffenen Lago di Vogorno mit seiner 220 m hohen Staumauer. Der Blick erinnert an den kurzen Ausschnitt der James Bond-Verfilmung »Golden Eye«, wo der See zur spektakulären Filmkulisse wurde. Noch heute findet James Bond zahlreiche Nachahmer, die sich hier mit einem Bungee-Springseil in die Tiefe stürzten.

Ein Besuch Mergoscias lohnt sich. Der Ort breitet sich auf einem sonnendurchfluteten Hang aus. Auch das erhaltene Gebäudeensemble von Kirche und Pfarrhaus ist sehenswert. Von hier führt ein sehr schöner Wanderweg oberhalb des Sees über Corippo nach Lavertezzo. Ein weiterer Weg endet in der unterhalb von Mergoscia befindlichen Siedlung Troppino, die während des Baus des Stausees in den Fluten verschwand. Unten am Ufer befinden sich noch ein paar verlassene Steinhäuser, aus deren Ruinen ein Schornstein mit der gemalten Jahreszahl 1980 fast wie zum Trotz aus den Ruinen herausragt. Wer noch höher hinauswill und über eine gute Kondition verfügt, folgt von Mergoscia aus den Schildern, die Wanderern den Weg über die Berge zur Seilbahnstation nach Cardada weisen.

Wir kehren wieder zur Straße auf der gegenüberliegenden Seeseite zurück, die uns nach Vogorno bringt. Viktor von Bonstetten, der auch 1795 hier vorüberkam, vermittelt uns Einblicke, die es heute so nicht mehr gibt:

»Diese Häuser sind Steinhaufen ohne Kalk, klein, elend und schmutzig, und so gebaut dass jede Stelle halsbrecherisch ist. Die innere Treppe eines Hauses, das ich sah, war nicht besser, als auf einandergelegte rohe wankende Felsstücke. Vor jedem Feuerheerde ist eine glänzend abgeriebne Bank, wo die ganze Familie im Winter den ganzen Tag vor dem Feuer beisammen sitzt. Neben der Küche waren einige schmutzige Betten mit Strohsäcken, über welchen ein zerrissnes Kupfer von heiligen Bildern angeheftet war; in einem Kasten lagen die wenigen Kleider der Familie.«

Wer in den heutigen Tagen hier seine Ferien verbringt, muß auf keinen Komfort verzichten. Die kleinen Häuschen sind großenteils für die Bedürfnisse der Feriengäste umgebaut, die Satellitenantennen auf den Dächern fast obligatorisch.

Wir erreichen nun die Häusergruppe von San Bartolomeo, aus dem ein Haus herausragt, das in den achtziger Jahren als Neubau für öffentlichen Gesprächsstoff sorgte. Livio Vacchini entwarf an der Stelle eines alten Rustico ein Ferienhaus, das 1985 bezugsfertig wurde und noch heute, nach über zwanzig Jahren, Beachtung verdient. Wir sehen ein schlichtes Flachdachgebäude, dessen Außenmauern abwechselnd aus Beton und Natursteinen gebaut sind. Zwei kleine Satteldächer sind aufgesetzt, die sich jedoch bei näherem Hinschauen als funktionslose Attrappen herausstellen. Deren Sinn kann man sich mit Blick auf die Nachbarhäuser erschließen, die ebenfalls mit Satteldächern ausgestattet sind. Vacchinis Kulissendächer lassen sich nur als historische Zitate verstehen, die sich auf die regionalen Bautraditionen im Tessin beziehen. »Da mir das Baureglement den Stil aufzwang, habe ich mit großem Vergnügen auf die Parodie zurückgegriffen«, schreibt Livio Vacchini selbst über seinen Entwurf.
»Angesichts der öffentlichen Unfähigkeit der modernen Architektur, die Merkmale der Region neu zu interpretieren entsteht nun (...) ein neuer Regionalismus an administrativen Mitteln der Kontrolle und als Banner der Vereine, die sich deren Schutz verschrieben haben«, kritisierte der Architekt die normativen Bauvorgaben jener Zeit. Unter den Dächern bleibt die Betondecke sichtbar, womit das Haus eigentlich ein Flachdach besitzt. Vacchinis Entwurf spielt mit modernen und traditionellen Elementen.

Abwechselnd benutzte er Beton und Natursteine. Kleine Lichtluken, die an alte Fensteröffnungen von Steinhäusern erinnern, sind großflächigen Glasfenstern gegenübergestellt. Ein wenig Polemik bleibt sichtbar, die sich gegen stereotype Normen wehrt und sie gestalterisch mit feiner Ironie begleitet. Der Architekt gehört zur ersten Generation jener, die die Tessiner Architektur vor allem seit den achtziger Jahren zu einem international beachteten Begriff machten.

Die meisten Besucher des Tals zieht es ein paar Dörfer weiter nach Lavertezzo, wo sich eine mittelalterliche Brükke über den Fluß, die Verzasca, spannt. Zu Beginn des 20. Jahrhunderts wurde sie wieder aufgebaut, nachdem ein Hochwasser sie weggeschwemmt hatte. Das Wasser des Flusses, abgeleitet von »verde acqua« – grünes Wasser –, macht seinem Namen alle Ehre. Die Steine im kristallklaren Wasser des Flußbettes sind die Attraktion des Ortes: Man kann auf ihnen spazierengehen oder sich in ihre ausgewaschenen Formen legen, die wie ergonomisch geformte Badewannen bei sommerlichen Temperaturen zur Verfügung stehen.

Mit Sonogno erreichen wir das letzte und höchstgelegene Dorf des Tals zwischen den Quellflüssen der Verzasca. Lohnenswert ist ein Besuch wegen des beeindruckenden Panoramas auf die umliegenden Berge mit dem 2736 m hohen Monte Zucchero. Noch knapp 100 Einwohner zählt die im 15. Jahrhundert erstmals erwähnte Gemeinde. Ein kleines Museum erinnert hier an die Geschichte des Tals. In Sonogno beginnt auch die Geschichte des kleinen Giorgio, der als Titelheld in *Die schwarzen Brüder* berühmt wurde. Es ist jener Roman Lisa Tetzners, der von den jun-

Bogenbrücke im Verzasca-Tal

gen Tessiner Kaminfegern erzählt, die im zarten Knabenalter in die schmalen Schornsteine Mailands geschickt wurden. Das Buch Lisa Tetzners ist seit 1941 ein Evergreen der Kinderliteratur. Es wurde in verschiedene Sprachen übersetzt. Auch eine Hörspielfassung entstand vor einigen Jahren. In einem Vorwort führt die Autorin ihre Leser in die Geschichte ein:

»Aus dieser alten Chronik erfuhr ich auch von Giorgio und seinen Freunden und wie diese kleinen, behänden Buben durch den offenen Kamin und den Rauchfang bis hinauf zu den Dächern klettern mussten, um mit ihren nackten Händen den Ruß herabzuwerfen. Und die Erlebnisse und Abenteuer der kleinen Schweizer Buben sind so seltsam, aufregend und rührend zugleich, dass es sich wahrlich verlohnt, sie ausführlich zu berichten. Sie geschahen vor hundert Jahren.«

Unzählige Jungen im Alter bis 14 Jahren verließen im 19. Jahrhundert ihre Dörfer, um in Norditalien die Kamine zu säubern. Je schlanker, desto begehrter waren sie bei den Kaminfegermeistern. Viele von ihnen hatten noch nicht einmal das 12. Lebensjahr erreicht, wenn sie für Monate in die oberitalienischen Städte verschwanden. Für ihre Tessiner Familien erbrachte die Kinderarbeit ein schmales Zubrot zum kargen Lebensunterhalt. Giorgio, der Held in Lisa Tetzners Erzählung, wurde durch eine unglückliche Verkettung von Katastrophen unfreiwillig zum Kaminfeger. Nach einem selten kalten Winter folgte ein noch trokkenerer Frühling. »Wenn es auch im Juni nicht regnete, konnte es so schlimm werden wie in den Jahren, von denen die Nonna erzählte, wo es weder Mais noch Brot, noch Wein und Gemüse gegeben hatte und allein in Sonogno sieben Menschen verhungert waren.«

Es kam schlimmer. Nach der Trockenheit folgte ein verheerender Waldbrand. Schließlich brach sich Giorgios Mutter auch noch den Fuß. Das Geld für den Arzt fehlte, und Giorgio wurde schließlich von der Familie als Kaminfeger nach Mailand geschickt. Über Locarno machte er sich auf den Weg, wo er gemeinsam mit anderen Jungen auf einem kleinen Boot über die Grenze nach Italien verschifft wurde. Soweit die Geschichte Lisa Tetzners. Das trostlose Schicksal jener zahllosen Jungen war im 19. Jahrhundert nicht unbekannt. Der Reiseautor Eduard Osenbrüggen wußte zu berichten:

»Von Locarno aus bis Arona werden diese Kinder in Barken, wie Thiere zusammengepfercht, transportirt, denn die Fahrt auf dem Dampfboot scheint dem Unternehmer zu theuer zu sein. Eine solche vollgepfropfte Barke schlug zwischen Canobbio und Canero um und 16 kleine Kaminfeger ertranken.«

Ein überaus verklärtes Bild von den Kaminfegern vermittelt uns ein Reiseführer um 1890. Der Autor Hardmeyer glaubte, daß den Tessiner ein heftiges Streben nach oben angeboren sei, denn »(...) viele von ihnen erklettern als Kaminfeger die Schornsteine der italienischen Städte und jauchzen von dort aus in die Gassen hinunter (...)«.

Die Wirklichkeit sah ein wenig anders aus. Sie bedeutete Kinderarbeit in einer ihrer schlimmsten Varianten. Allgegenwärtig war der Ruß, der den Jungen während ihrer staubigen Arbeit das Atmen erschwerte. Dazu kam die Furcht, sich in den schmalen Rauchabzügen zu verklemmen. Giorgio mußte in Mailand allerlei über sich ergehen lassen: »Der Ruß stürzte wie ein Bach über ihn. Er rieselte seinen Rücken hinunter. Er stieg in seine Nase, dass er niesen musste, in seine Ohren, in seinen Mund. Es war wirklich gut, dass er die Augen geschlossen hatte. Jetzt musste er sie aber öffnen. Er hob die Hand, um nach dem zweiten

Eisen zu fassen. Da fiel ein solcher Berg Ruß über ihn, dass der feine, schwarze Staub auch in beide Augen kam. Am liebsten hätte er aufgeschrien, biss aber die Zähne zusammen und zog sich zum dritten Eisen. Nun konnte er auf dem ersten Eisen stehen und mit beiden Armen nach links und rechts tasten. Da waren wohl die anderen Kaminlöcher. Jedenfalls fuhr seine rechte Hand in eine tiefe Öffnung hinein. Er zog den Ruß heraus und ließ ihn nach unten fallen, dann stieg er höher.«
Gelangten sie nach oben, riefen sie laut »Spazzacamino«, und der Meister wußte, daß der Schornstein wieder »frei« war. Erst in der zweiten Hälfte des 19. Jahrhunderts wurden im Tessin Gesetze beschlossen, die den schlimmsten Auswüchsen jener Kinderarbeit galten. Es sollten jedoch noch viele Jahre vergehen, bis die jungen Kaminfeger selbst Geschichte wurden. Die Autorin Lisa Tetzner werden wir an anderer Stelle am Luganer See wiedertreffen.

Ausflug in das Onsernone-Tal

Locarno · Ponte Brolla · Tegna Verscio · Cavigliano · Auressio · Loco · Berzona Comologno · Spruga

»(...) ein grünes Tal, waldig wie zur Steinzeit; Bund und Kanton tun alles, damit es nicht ausstirbt: Post-Bus drei Mal täglich. Ein Stausee ist nicht vorgesehen. Im Sommer, nachts, sind Sternschnuppen zu sehen oder man hört ein Käuzchen«, so beschrieb Max Frisch das Onsernone-Tal, in dem er viele Jahre seines Lebens verbrachte.

Das Tal ist eines der schönsten und auch landschaftlich eigentümlichsten im Tessin. Man erreicht es am besten mit dem Postbus, der vom Bahnhofsvorplatz in Locarno abfährt, inzwischen fünfmal am Tag. Auf der Höhe von Cavigliano beginnt das Tal (siehe Karte S. 70). Links sieht man das Dorf Intragna, das zum Centovalli, dem Tal der »hundert Täler« gehört. Rechts beginnt der Anstieg ins Onsernone-Tal. Bereits nach wenigen hundert Metern sieht man, was den besonderen Reiz dieses Tals ausmacht. Bei stets ansteigender Straße verengt es sich zu einer tiefen Schlucht.

»›Unser Tal ist ein kurioses Tal‹, sagte nachdenklich die alte Teresa. Sie stand neben der Sciora am Rande ihres Kartoffelackers und schaute über Land. Die Sciora kehrte sich verwundert nach der Alten um. ›Kurios? Warum?‹ Teresa fuhr in fast spöttischem Tone fort: ›Ist ein Tal nicht kurios, dem man nicht auf den Grund sehen kann?‹

Es war der Sciora bis jetzt nicht aufgefallen, daß der Bach, den man unten brausen hörte, nirgends zu erblicken war. Er wälzte sich in der engen Schlucht, deren bewaldete Ränder sich oben, versteckt unter den Bäumen, so zusammenschoben, daß niemand die Tiefe hätte vermuten können, die sich eben dort öffnete. Ein kurioses Tal, die Alte hatte recht.« So liest es sich in den *Tessiner Geschichten* von Aline Valangin.

Der weit unten vermutete Fluß ist tatsächlich nicht zu sehen. Der Isorno, der im hochgelegenen Teil des Tals auf der italienischen Seite entspringt, hat sich in die Schlucht hineingegraben und schlängelt sich seinen Weg nach unten in die Melezza. Die Straße wird allmählich schmaler, stellenweise einspurig. Links führt der Blick steil nach unten, rechts endet er an der schroffen Bergwand.

Der Bus fährt weiter durch ein sehr waldreiches Gebiet. Durch die jahrzehntelange Abwanderung und den Rückgang von Land- und Forstwirtschaft haben sich die Waldflächen hier enorm vergrößert. Das Gebiet besitzt seit einiger Zeit den Status eines geschützten Waldreservats, das mit Unterstützung von Pro Natura 2002 vergeben wurde. Kleine Dörfer tauchen bald auf der Bildfläche auf, deren eng zusammen stehende Häuser wie Bienenwaben in die Berghänge hineingebaut sind.

Wir erreichen Auressio, das schon wegen seiner beeindrukkenden Hanglage einen Besuch wert ist. Früher benutzten die Bewohner kleine Pfade durch die Schlucht, um die gegenüberliegende Seite des Centovalli und das Dorf Intragna zu erreichen. Erst zur Mitte des 19. Jahrhunderts wurde eine Straße gebaut. Am Ortsausgang von Auressio sieht man rechts auf die freistehende Villa Edera, deren einstiger Besitzer Paolo Antonio Calzonio nach Frankreich auswanderte. Das Haus ist heute im Besitz der Gemeinde und dient als Herberge für Schulklassen. Von hier schaut man bereits auf das höhergelegene Nachbardorf Loco, den größten Ort der Gemeinde Isorno, das wir nach wenigen Minuten auf der Serpentinenstraße erreichen.

Das Dorf liegt an einem sonnigen Hang, der mit einem dichten Netz von Steinmauern terrassiert wurde, mit denen die Bewohner dem Tal bescheidene Flächen für Roggen- und Weinanbau abtrotzten. Gleich am Ortseingang sieht man oberhalb der Straße die Pfarrkirche des heiligen Remigius, einst Bischof von Reims. Es lohnt sich, den Fußweg nach oben zu gehen, denn von dort hat man einen wunderschönen Ausblick.

Karl Viktor von Bonstetten besuchte im Spätsommer 1795 auch das Onsernone-Tal, um die heftigen Zwistigkeiten unter den Dorfbewohnern zu schlichten. Der Pfarrer des Ortes gab Anlaß zu jenem Streit, der sich an seinem Wohnhaus entlud. Türen und Fenster waren eingeschlagen. Den Pfarrer selbst hatte man aus dem Haus getrieben.

»Alle Einwohner gingen bewaffnet, und es war zu besorgen, dass der Bürgerkrieg ausbrechen würde. Das Syndicat, das ist die bevollmächtigte Versammlung aller Deputirten der zwölf regierenden Kantone, hatte mir den Auftrag gegeben, die Ruhe in diesem Lande, wo möglich wieder herzustellen und den erbitterten Partheien gewisse Friedensvorschläge zu machen. (...) Ich ließ die Gemeinde versammeln. Die Ursach der Zwietracht, die zweitausend dreihundert sieben und achtzig Thalbewohner zu Feinden machte, und dieses paradiesische Land zur Hölle umschuf, war eine Mahlzeit, die der Pfarrer auf Kosten der Gemeinde, dem Bischof gegeben hatte. (...) Die Erbitterung war aufs höchste gestiegen. Die Vernünftigsten sahen den gänzlichen Ruin des Thals vor.«

Nachdem von Bonstetten die Gemeinde versammeln ließ, endete der Schlichtungsversuch nach anfänglichen Schwierigkeiten und eindringlichen Ermahnungen schließlich doch noch erfolgreich: »So zerstieben sich die Gewitterwolken bei diesem reizbaren Völkchen, das in seiner Roheit für je-

de sinnliche Empfindung, nur nicht für Vernunft, empfänglich ist.«
Der Ort war über Jahrhunderte der Mittelpunkt des Tals. Das Stroh bildete lange Zeit neben der Landwirtschaft, die auf Selbstversorgung beruhte, die spärliche Lebensgrundlage seiner Bewohner. Die Roggen- und Weizenhalme wurden an den hier typischen Holzbalkonen an den Vorderseiten der Häuser zum Trocknen ausgelegt. Aus dem Stroh entstanden Taschen und Hüte, die auf den Märkten in Loco, Locarno und Oberitalien verkauft wurden. Viele der Hutmacher in Turin kamen im 18. Jahrhundert aus dem Onsernone-Tal. Von der Strohflechterei berichtete auch Viktor von Bonstetten:
»Alle Menschen, Weiber, Kinder und Männer sind im Onsernone mit *Strohflechten* und *Strohnähen* beschäftigt, und das schöne, kaum um die Dörfer angebauete Thal, ist nichts besseres, als eine grosse Fabrike von Strohhüten. Die Weiber flechten, wenn sie stehen, gehen und sitzen, sie flechten in der Gerichtsstube, wenn sie vor dem Landvogt erscheinen, sie sollen flechtend einschlafen, ja man hat mich versichert, dass sie zuweilen schlafend eine Zeit lang fortflechten: Sie haben ein munteres Flechterlied, das sie bisweilen singen.«
Schon im 19. Jahrhundert verdrängten Billigimporte aus dem Ausland diese Tradition. Viele Bewohner verließen das Tal und wanderten aus. Das »Museo Onsernonese«, ein kleines volkskundliches Museum an der schmalen Durchgangsstraße des Ortes, erinnert mit Exponaten an die einst bäuerliche Welt des Tals. Die Strohflechterei ist heute längst Vergangenheit. Die meisten Bewohner fahren morgens mit dem Auto in den Ballungsraum von Locarno zur Arbeit. Die Abwanderung scheint dennoch ein wenig abgebremst. Einige der Hausbesitzer verdienen durch die

Vermietung von Zimmern oder Ferienhäusern ein wenig am Fremdenverkehr. Eine kleine Piazza finden wir in der Mitte des Ortes an der Hauptstraße, wo wir die Gelegenheit haben, ein wenig die Ruhe zu genießen.

Kurz vor dem Ortsausgang kommen wir an einer Mühle aus dem 18. Jahrhundert vorbei, die sich an einem imposant wirkenden Wasserfall befindet. Erst in den siebziger Jahren stellte man ihren Betrieb ein. 1985 erhielt das »Museo Onsernonese« die Mühle, um sie als Kulturdenkmal zu erhalten und zu restaurieren.

Sehenswert ist auch die Casa Walser, ein privates Einfamilienhaus, das von dem Tessiner Architekten Luigi Snozzi in den Berghang hineingebaut wurde.
Ein Tip für Wanderer: Hier am Ortausgang von Loco führt auf der linken Seite einer der schönsten Wanderwege des Tals zurück in das Centovalli nach Intragna. Der Weg geht zunächst steil bergab durch den Wald bis zum Flußbett des Isorno, über den eine Metallbrücke gespannt ist. Auf dem Weg dorthin kommt man an einer hübschen Lichtung mit einer Kapelle vorbei. Sie ist dem heiligen Johannes von Nepomuk gewidmet, der in Prag als Märtyrer zur Legende wurde. Er soll in der Moldau ertränkt worden sein, nachdem er sich geweigert hatte, sein Beichtgeheimnis preiszugeben. König Wenzel habe nämlich von ihm wissen wollen, ob seine Frau ihm treu sei. In Prag setzte man dem armen Mann im 17. Jahrhundert auf der Karlsbrücke ein Denkmal, 1729 wurde er heiliggesprochen. Die kleine Kirche stammt aus dem Jahr 1680 und gehörte einst zur kleinen Siedlung Niva. In der Nachbarschaft lebte 30 Jahre ein deutscher Priester, Karl Hofstetter, als Eremit.

Unser nächstes Ziel ist Berzona. Der Weg führt von Loco weiter die Talstraße hinauf, wo wir wenige hundert Meter nach dem Ortsausgang das Dorf erreichen – vorausgesetzt, man ist nicht vorbeigefahren. Das eigentliche Dorfzentrum befindet sich nämlich versteckt zwischen Bäumen, abseits der Hauptstraße. Eine kleine Zufahrtsstraße führt uns auf der rechten Seite am ehemaligen Wohnhaus von Max Frisch vorbei, das ein paar Schritte vor dem Friedhof etwas zurückgelegen am Hang sichtbar wird. Mit 18 Jahren war der Schweizer Schriftsteller als Grenzsoldat hier stationiert und kaufte später das Haus. In *Montauk* erzählt Max Frisch von seiner ersten Begegnung mit dem Haus:

»Zu beschreiben wäre ein steinerner Tisch ... Das Haus in Berzona, das wir auf einer Durchreise besichtigen bei strömendem Regen: ein Bauernhaus, das Gemäuer ziemlich verlottert, das Gebälk zum Teil morsch. Wir kommen von Rom, Via Margutta, aus einer Untermiete; mein Leben lang bin ich Mieter oder Untermieter gewesen. Jetzt möchte ich ein Haus haben mit dir. Unter Schirmen stapfen wir durch das verwilderte Gelände; ein Dschungel von Brennesseln und Brombeeren, viel Farnkraut; wie üblich in dieser Gegend: Trockenmauern aus grobem Feldgestein stützen die Terrassen. Du gehst ziemlich stumm, ich zeige auf die schönen Nußbäume. Ein großes Gelände. Viele Kastanienbäume gehören dazu. Drinnen im Haus ist es muffig; da und dort Schimmel an den Mauern. Die Zuversicht, daß sich das umbauen und ausbauen läßt, übernehme ich, ebenso die zähen Verhandlungen um den Kaufpreis. Eins ist mir von der ersten Stunde klar: allein, als Junggeselle, könnte ich in diesem Tal nicht hausen. Ich sehe den Balkon, wo ich baumeln würde; es wäre leicht zu veranstalten von einem kleinen Fenster aus. (...) Zuletzt

Campanile am Dorfeingang von Berzona

hauste hier ein alter Pächter, ein Irrer. Von dem Sud, den er für die drei Schweine gekocht haben soll im Haus, ist nichts mehr zu riechen.«

Der Ort bot Max Frisch das, was er suchte: Ruhe, um ungestört arbeiten zu können. Als Refugium betrachtete der gelernte Architekt das Dorf, das so abseits liegt, als ob es nicht gefunden werden möchte. In *Tagebuch 1966-1971* finden sich ein paar verstreute Hinweise auf die freiwillig gewählte Abgeschiedenheit:

»Das Dorf, wenige Kilometer von der Grenze entfernt, hat 82 Einwohner, die Italienisch sprechen; kein Ristorante, nicht einmal eine Bar, da es nicht an der Talstraße liegt, sondern abseits. Jeder Gast aus den Städten sagt sofort: Diese Luft! Dann etwas bänglich: Und diese Stille!«

Berzona liegt aber auch nicht so weit am Ende der Welt, um von ihr gänzlich abgeschnitten zu sein. Das wußte auch Max Frisch, der die Annehmlichkeiten der schnellen Verbindung mit dem Auto nach Zürich zu schätzen wußte.

Das Tessin ist das Naherholungsgebiet für die Menschen aus der nördlichen Schweiz. Wenn sich zu der Ruhe auch noch die Sonne gesellt, dann findet man jene Idealbedingungen vor, die nicht wenige Urlaubsgäste in das abgelegene Tal führen.

Das Wetter hat im Tessin vor allem für den Tourismus eine nicht zu unterschätzende Bedeutung. Wie sensibel auf dieses Thema reagiert wird, zeigte sich im Jahr 2004. Als vor Ostern der Schweizer Wetterdienst schlechte Aussichten für das Wochenende meldete, blieben die meisten Stammgäste nördlich des Gotthards zu Hause. Man hatte sich geirrt. Die Sonne schien auf unerwartete Weise geduldig und hartnäckig. Die Tessiner Tourismusverantwortlichen

beschwerten sich und forderten zukünftig eine bessere Zusammenarbeit, denn man verzeichnete gewaltige Umsatzeinbußen durch die offizielle Fehlermeldung.
Das wird Max Frisch vermutlich weniger interessiert haben. Ihn beschäftigte zwar auch das Wetter, aber auf eine literarische Weise für jene Variante, die zu den Alpträumen der Tourismusbranche gehört: ein unendlicher Regen, der in zuverlässiger Regelmäßigkeit, aber zu unbestimmten Zeiten auf das Tessin und seine Täler niedergeht:
»Keine Nacht ohne Gewitter und Wolkenbruch. Zeitweise fällt der Strom aus, was man in diesem Tal gewohnt ist; kaum hat man eine Kerze gefunden, endlich auch Streichhölzer, so ist der Strom wieder da, Licht im Haus, während es weiter donnert. (...) Ein Feldstecher hilft in diesen Tagen überhaupt nichts, man schraubt hin und her, ohne irgendeinen Umriß zu finden, der sich verschärfen ließe; der Feldstecher verdichtet bloß den Nebel. Was von bloßem Auge zu sehen ist: die Dachtraufe, die nächste Tanne im Gelände, zwei Drähte, die im Nebel verschwinden, die langsam gleitenden Tropfen an den Drähten.«
Die Rede ist hier von Herrn Geiser, der Hauptfigur aus dem Roman *Der Mensch erscheint im Holozän*, der verzweifelt versucht, während des Dauerregens den Durchblick zu behalten. 1979 erschien das Buch von Max Frisch, der hier eine Art feuchten Weltuntergang beschreibt. Herr Geiser lebt in Berzona und versucht den entfesselten Naturkräften zu trotzen. Im andauernden Dunst von Regen und Nebel hält er sich nur mit der Ordnung seines Wissens über Wasser.
»Das Lexikon in zwölf Bänden, Der Grosse Brockhaus, erklärt die Entstehung der Blitze und unterscheidet zwischen Linien-Blitz, Kugel-Blitz, Perlschnur-Blitz etc., wogegen über Donner wenig zu erfahren ist; dabei sind im Lauf

einer Nacht, wenn man nicht schlafen kann, mindestens neun Arten von Donner zu unterscheiden (...)«
Der Leser erfährt die Unterschiede zwischen Knall-Donner, stotterndem oder Koller-Donner, Hall-Donner, rollendem oder Polter-Donner, Pauken-Donner oder dem zischenden Schotter-Donner, der mit einem Zischen beginnt, »(...) wie wenn ein Kipper eine Ladung von nassem Schotter ausschüttet, und endet dumpf«.
Herr Geiser beginnt damit, unzählige Zettel handschriftlich mit Fragmenten seiner Erfahrungen und Kenntnisse zu versehen, und fixiert sie an die Wände seines Hauses. Eine symbolische Grenze entsteht in diesen unzähligen Notizen gegen die langsam eindringende Natur, die ihm als Orientierungspunkte in einer sich langsam auflösenden Wirklichkeit bleiben.
Das Vorbild für den einsamen Bewohner Berzonas war Max Frisch nicht unbekannt. Der exzentrische Künstler Armand Schulthess aus dem Nachbardorf Auressio beschriftete über Jahre Hunderte von kleinen Blechtafeln aus Konservenbüchsen mit Stichworten aus dem Kosmos seines eigenen Wissens. Er hängte sie an Bäumen, Sträuchern, Mauern oder Wegen auf und ließ damit im Wald von Auressio über Jahre eine Art Universalenzyklopädie in der freien Natur entstehen. Als Schulthess 1972 starb, begann auch das langsame Ende seiner Sammlung, die Spaziergänger im Laufe der Zeit als Souvenirs von den Bäumen pflückten. Die Casa Anatta, das Museum auf dem Monte Verità, hat einige der beschrifteten Bleche des Künstlers gerettet.

Ein Jahr bevor Max Frischs Buch erschien, holte die Wirklichkeit die noch unveröffentlichte Geschichte ein. Ein Unwetter spülte Geröllmassen die Abhänge herunter, die

die Talstraße abschnittweise unter sich begruben. Und im Herbst 1993 konnte man sich nach wochenlangen Regengüssen nur noch in Booten auf der Piazza in Locarno vorwärtsbewegen. Besorgniserregend sind jene Ereignisse allerdings in ihrer Häufigkeit in den letzten Jahren.
Wie geht die Geschichte mit Herrn Geiser weiter? Er entschließt sich, trotz des unabsehbaren Endes der grauen Wolken, zu einer Wanderung über die umliegenden Berge.

Wir hingegen bleiben noch eine Weile in Berzona und sehen auf das schräg gegenüberliegende Wohnhaus. Hier lebte einer der bekanntesten Typographen der Schweiz. Der 1902 in Leipzig geborene Jan Tschichold war früh vom Bauhaus beeinflußt und erlebte 1923 die Ausstellungspremiere der Kunstschule in Weimar als Besucher. In der Folgezeit entstanden erste moderne typographische Entwürfe, unter anderem auch für den Insel-Verlag. Nach seiner Emigration 1933 blieb Tschichold in der Schweiz, wo er in den fünfziger Jahren das *Meisterbuch der Schrift* verfaßte. Zahlreiche neue Schrifttypen entstanden von seiner Hand.

Wir setzen unseren Weg entlang der Straße weiter zum Ortskern Berzonas fort, wo uns die Pfarrkirche San Defendente aus dem 16. Jahrhundert mit ihrem steil aufragenden Campanile empfängt. Von hier geht es nur noch zu Fuß weiter, Straßen gibt es nicht mehr. Die Gassen zwischen den Häusern sind so eng, daß sie eigentlich nur als Verbindungsgänge zwischen den Häusern ihre Aufgabe erfüllen. Noch um 1800 lebten hier knapp 300 Einwohner. Die Abwanderung ließ das Dorf auf heute etwa 50 Einwohner schrumpfen. Wir folgen dem Weg geradeaus, der sich zwischen den alten Steinhäusern fortsetzt, und stehen nach ein paar Metern auf einer kleinen Piazza. Von hier hat man einen freien Blick auf das Tal und die Weingärten des Dorfes. Wir befinden uns an den Hängen des Pizzo della Croce mit seinen knapp über 1800 m Höhe.

Vor uns steht das ehemalige Wohnhaus des Schweizer Schriftstellers Alfred Andersch, den es bereits 1957 nach Berzona zog. In einer Schweizer Tageszeitung fand Andersch den Hinweise auf das Immobilienangebot und entschloß sich kurzerhand, das Tessin zu seiner neuen Wahlheimat zu machen. In einem Brief an seine Mutter beschrieb er das Anwesen als »(...) Tessiner Rustico-Haus mit vier Zimmern, mit Möbeln, Betten, Geschirr und allen Geräten voll eingerichtet, mit Garten, Altane, Terrasse und mit 35 000 (Quadratmetern) Grund, zu denen ein Bach gehört, mehrere Kastanienwälder (Edelkastanie!) eine große flache Spielwiese und eine Garage«.
Im Dachgeschoß befand sich sein Arbeitszimmer. Seine Frau hatte nebenan ihr Atelier eingerichtet. Der Umzug in das Tessiner Bergdorf war für den politischen Schriftsteller Andersch auch eine Entscheidung, den politischen Realitäten des sich anbahnenden Wirtschaftswunders und der damals beabsichtigten atomaren Wiederbewaffnung der BRD den Rücken zu kehren. Der Schreiber und Rundfunkmacher sorgte in jenen Jahren vor allem mit Radio-Essays für kritische Töne in der politischen Öffentlichkeit in Deutschland. 1956 erschien *Sansibar oder der letzte Grund*, er erhielt für den Roman den Deutschen Kritikerpreis. Kurz darauf brachte eine Fernsehproduktion das Buch in die deutschen Wohnzimmer.

Wie Max Frisch suchte auch Alfred Andersch die Abgeschiedenheit des Dorfes, das sein schreibender Nachbar

einmal eine »(...) Klausur etwa 800 Meter über dem Meer (...)« nannte.
Außergewöhnlich still kann es hier an manchen Tagen werden. Dies hat auch Andersch kennengelernt, der 1965 nach acht Jahren Aufenthalt in Berzona seinem Kollegen Helmut Heißenbüttel mitteilte: »Man lebt hier doch ziemlich seitab, fast ausschließlich damit befasst, seinen Garten und seinen Roman vom Unkraut zu säubern.«
Von Heißenbüttel stammen die folgenden Zeilen aus dem *Textbuch 5*:
»(...) dieser da der da in seiner Höhle da dasitzt da sitzt er nun in seiner Höhle Luxushöhle die still so still ist diese Luxushöhle daß er sagt er sagt die Zeit knirscht daß er sagt er Zeit knirschen hört«. Jene Worte führten zu einer anhaltenden Verstimmung zwischen den Freunden, weil Andersch die Zeilen auf sich gemünzt sah.
Ein paar Meter weiter geradeaus befindet sich das letzte Lebensmittelgeschäft des Dorfes. Manchmal muß man klingeln, wenn die alte Dame sich in ihrer Wohnung befindet, denn die Ladentür ist dann verschlossen. Das Geschäft ist so klein, daß man höchstens zu dritt darin Platz findet. Ein paar Schritte davon entfernt führt ein Fußweg weiter hinauf zum Ende des Dorfes.
Dort steht rechts auf einem kleinen Hügel oberhalb des Weges das Haus von Golo Mann. Er nutzte das Anwesen seit 1961 als Sommerhaus, und nur selten fanden ungebetene Gäste mit Kameras oder Tonbandgeräten den schmalen Pfad nach oben. Die außergewöhnliche Stille hat auch Golo Mann hier gesucht:
»Du liegst in deinem Arbeits- und Schlafzimmer unter dem Dach deiner Hütte hoch über dem Dorf im Tessiner Gebirge. Du horchst. Du horchst. Sind das Schritte? Nein, es ist das schwere zu Boden fallen der Kastanien. Dann,

von der andern Seite des Tobels, klagt das Käuzchen, wir kennen den Ton. Klage scheint es nur, in Wirklichkeit ist's Liebe, aber wie es klingt für uns, darauf kommt es an.«
Ein paar Schritte weiter gelangen wir zu einer kleinen Kapelle. Hier ist das Dorf zu Ende. Wer möchte, kann Herrn Geisers Spuren folgen und über den Wanderweg in das Maggia-Tal zurückkehren. Der Weg führt über 1000 Meter Höhe schließlich über den Passo della Garina nach Aurigeno. Oder man benutzt unterwegs eine Abzweigung, die nach Loco zurückführt.

Wir aber haben noch nicht genug vom Onsernone-Tal, müssen jedoch erst einmal wieder zur Hauptstraße zurück, denn das Dorf ist eine Sackgasse. Unser Weg führt weiter über Mosogno, eines der zahlreichen kleinen Bergdörfer an den Hängen des Tals. Nicht mehr wie eine Marginalie der Ortschronik liest sich heute die Tatsache, daß jenes Dorf dem politischen Schriftsteller und Anarchisten Michael Bakunin im Jahr 1871 seinen weiteren Aufenthalt im Tessin ermöglichte.
»Der Bürgermeister hat ausgeführt, daß ein gewisser Bakenini Michele, russischer Herkunft, ein Gesuch um Einbürgerung in unserer Gemeinde gestellt hat. Capitano Zanicoli Carlo schlägt vor, die Empfehlung der Gemeinde jedoch ohne Bezahlung der Taxe anzunehmen. Falls die Versammlung einer Vergütung zustimmt, so nur im Rahmen der großzügigen Haltung, wie sie das Gesetz vorsieht.«
Der Gemeinderat zeigte sich großzügig, der zu jener Zeit in Locarno lebende Bakunin brauchte nicht die übliche Gebühr von 200 bis 400 Schweizer Franken zu zahlen.

Literaten, Künstler und Aussteiger entdeckten das Onsernone-Tal nach dem Zweiten Weltkrieg wieder, nachdem es stark von der Abwanderung betroffen war. Die Migration ist auch in früheren Zeiten ein großes Problem im Kanton Tessin gewesen. Der karge Boden in den Tälern reichte oft nicht aus zum Überleben. Viele der Bewohner zog es in nach Italien; sie arbeiteten dort in den Städten als Lastenträger, Scherenschleifer, Kastanienbrater oder als Bauhandwerker. »Es werden alle Jahre für solche Auswanderer wenigstens 11-12 000 Pässe ausgestellt. Als Maurer, Steinmetzen, Marmorarbeiter, Maler u.s.w. Die nahe gelegene reiche Lombardei bietet hierfür unermeßliche Hülfsquellen, und wirklich wenn man dort bauen sieht und nach den Bauleuten fragt, so heißt es immer: ›sono vostri Compatrioti‹«, liest man in einer amtlichen Mitteilung von 1835.

Nicht wenige suchten ihr Glück auf dem neuen Kontinent und ließen sich nach Übersee verschiffen. In den Vereinigten Staaten oder Südamerika hofften sie auf eine neue Existenz. Piero Bianconi erzählt in *Der Stammbaum* von denen, die auszogen, um das erträumte Eldorado zu finden: »Noch während die kurze australische Illusion unterging, tauchte die Fata Morgana von Kalifornien auf und schimmerte und glänzte – auch sie – von Gold. (...) Es war viel mehr ein bescheidenes Tagelöhnerdasein, die ländlichen Arbeiten auf den ›Ranches‹, das Melken endlos vieler Kühe, was kräftige Arme und erfahrene Hände erforderte.«

Die meisten, die das Tessin verließen, sind mit ihren Namen in der Anonymität der Geschichte verschwunden. Einige, die mit einer Erfolgsgeschichte zurückkehrten, bauten sich bisweilen in den Dörfern stolze Bürgerpaläste. Einige solcher Palazzi sieht man auch im Onsernone-Tal. Auch der Dorfplatz im kleinen Bergdorf Russo, an dem wir nun vorbeikommen, besitzt mit dem Palazzo Moschini eine solche herrschaftliche Villa. Sehenswert ist die Pfarrkirche S. Maria Assunta mit einer spätgotischen Holzbalkendecke. So manche altehrwürdige Pension im Tal hat bessere Zeiten hinter sich. Das gilt auch für das Hotel Garni Leila an der Durchgangsstraße in Russo, dessen Fassade so langsam dahinbröckelt. Das Haus besitzt jedoch eine unvergleichbar schöne Aussicht auf das Tal, vorausgesetzt, man erhält eines der Zimmer nach vorn, denn im hinteren Trakt schaut man auf die nackte Felswand.

Wir lassen Russo hinter uns und erreichen bald ein Viadukt. Dahinter dem Viadukt teilt sich das Tal: Rechts führt der Weg ins Vergeletto-Tal, links geht es im Onsernone-Tal weiter. Die Brücke, die im 19. Jahrhundert unter großem finanziellen Aufwand gebaut wurde, nannte man »Ponte Oscuro«. Die Unwirtlichkeit der Umgebung mit ihren zerklüfteten Felsen hat so manche Phantasie beflügelt. Von einer der modernen Art ist bei Eveline Hasler in *Die Erfindung der Liebe* die Rede. Sie schildert eine Autofahrt von Comologono, die ausgerechnet hier an dieser Stelle zum Halten kommt. Eine Panne zwingt Luca und Maria zum unfreiwilligen Aufenthalt.

»Draußen ist es dämmrig geworden. Feuchtigkeit rinnt über die Felsen, Nebelfetzen hängen in den Tannästen. Es macht Luca kribblig, auf der Talseite in die Abgründe zu schauen, das Auge hält sich an den Ästen fest, verliert dann den Halt, stürzt ab. Bergbäche zwingen die Straße zu weit ausholenden Schleifen. Der Motor beginnt zu stottern.

Luca steigt aus, inspiziert die Brücke, man erzählt sich Schlimmes von diesem Ort.

›Die Geschichte vom Barnum, kennst Du sie?‹, fragt Maria. ›Die Moritat vom Geisterauto, das eigentlich nur ein gezeichnetes Auto war, noch schwach zu erkennen auf

dem alten Plakat des amerikanischen Zirkus Barnum, der vor Jahren im Tal gastiert hat. Seither erscheint dieses Auto, ja genau dieses, nachts auf der Straße und bedroht den einsamen Automobilisten, am anderen Morgen findet man ihn tot im Abgrund (....).‹
Ein großes Auto löst sich aus dem Nebel.
›Madonna‹, entfährt es Maria. Doch es ist nicht Barnum. Nur der Lieferwagen des Metzgers aus Intragna.«

Wir lassen uns davon nicht beeindrucken, fahren mit dem Postbus weiter und kommen in den Ort, wo jenes Auto startete. Hier beginnt das Dorf Comologno, das auf einem Höhenniveau von knapp über 1000 Metern liegt. Das kleine Dorf war lange eine eigenständige Gemeinde, seit 1995 ist es Teil der Großgemeinde Onsernone, zu der inzwischen auch die Nachbarorte Russo und Crana gehören. Noch um 1900 herum lebten hier knapp über 600 Menschen. Die Roggenstrohverarbeitung machte in diesen Zeiten jene Einwohnerentwicklung möglich. An vielen Häusern sieht man noch die traditionellen Holzbalkone, an denen man früher das Heu zum Trocknen auslegte. Heute zählt das Dorf gerade noch knapp über 100 Einwohner.

Wir gehen noch einmal in die Zeit vor dem Zweiten Weltkrieg zurück, in der sich neue Bewohner im Dorf ankündigten.
»Eines Morgens gegen Ende seiner Kindheit entdeckte Luca in seinem Bergdorf, auf 1100 Meter über Meeresspiegel, ein gestrandetes Schiff.
An der Reling und durch die Scheiben der Bullaugen glaubte er fremdländische Gesichter zu erkennen, und im Bauch des Dampfers erahnte er ein Labyrinth von Gängen mit Türen zu Zimmern und Salons, eine ganze Stadt.

Noch am selben Tag erzählte er seinem zehn Jahre älteren Freund Paolo von seiner Entdeckung. Der schüttelte den Jüngeren an den Schultern. ›Luca, hast du bis jetzt geträumt? Er steht doch schon immer da, der Palazzo mit dem Namen La Barca! Weißt du nicht, dass ich der neuen Besitzerin, die auch schon zwei oder drei Jahre dort wohnt, Italienischstunden gebe?‹
›Ich bin klein für mein Alter, habe früher nie über die hohe Mauer sehen können, bin erst seit kurzem etwas gewachsen‹, versuchte Luca zu erklären, doch Paolo winkte ab.
›Es liegt wohl nicht an deiner Körperlänge. Unser Blickwinkel kann sich plötzlich erweitern, das geht, wie das Erwachsenwerden, manchmal ruckweise.‹«
Mit jenem Dialog der beiden Dorfkinder von Comologno öffnet Eveline Hasler in ihrem Buch *Die Erfindung der Liebe* den Vorhang zu ihrer Geschichte. Es geht um die Villa della Barca, ein herrschaftliches Anwesen aus dem 18. Jahrhundert.
Das Haus, von dem hier die Rede ist, steht unweit der Casa Communale auf der rechten Straßenseite. Luca hatte nicht ganz recht, denn auch mit der Körpergröße eines Erwachsenen ist das Grundstück von der Straße kaum zu sehen. Nur der obere Teil der Villa ragt mit einem Turm über die Mauer, die entlang der Dorfstraße vor den Blicken neugieriger Besucher schützt. Einen kleinen Einblick auf das Anwesen mit Garten und Swimmingpool erhält man nur, wenn man die rechts befindlichen Steinstufen erklimmt. La Barca, das Schiff, wurde das Haus einst genannt. Seine Passagiere, die in den dreißiger Jahren hier an Bord gingen, waren namhafte Zeitgenossen: Kurt Tucholsky und Meret Oppenheim sonnten sich hier im Garten. Max Bill, Architekt, Maler und Designer, spielte am Rand des Wasserbeckens mit dem Hausherrn Schach. Elias Canetti gehörte

zu den Besuchern, wie auch andere, nach 1933 im Tessin gestrandete Flüchtlinge aus dem nationalsozialistischen Deutschland. Gastgeber waren Wladimir Rosenbaum und seine Frau Aline Valangin, die das Haus 1929 erwarben. Wladimir Rosenbaum gründete in den zwanziger Jahren in Zürich eine Anwaltskanzlei, mit der er nach einigen spektakulären Strafprozessen in die renommierten Etagen Schweizer Jurisdiktion aufstieg. Rosenbaum und Valangin pflegten die Kontakte zur künstlerischen und literarischen Boheme, die in Zürich während des Ersten Weltkriegs für kurze Zeit ihr »Hauptquartier« aufschlug und das Wort »Dada« erfand. In ihrem Züricher Privathaus traf man sich. In den Sommermonaten verbrachte man die Zeit im Onsernone-Tal.

In ihren Lebenserinnerungen erzählt Aline Valangin die Geschichte des Hauses und seines Bauherrn mit dem Namen Remonda. Jener war, wie viele andere Tessiner, als junger Mann ausgewandert. Ihn zog es nach Paris, wo er mit dem An- und Verkauf von Schiffen zu Geld kam. Schiffe, die nicht zum erwarteten Zeitpunkt im Hafen einliefen, wurden als vermißt gemeldet und durften versteigert werden. Kamen sie wider Erwarten dann doch noch an, so gehörten sie samt Ladung den Spekulanten. Mit dem Gewinn eröffnete Remonda einen gut florierenden Handel mit Brokatstoffen und ließ in seiner alten Heimat die Villa mit dem erinnerungsträchtigen Namen erbauen.

Lassen wir Aline Valangin weitererzählen: »Das schöne alte Haus, voll von kostbaren Möbeln und leinener Hauswäsche, von schönen alten Seiden, Bildern und Büchern, fast alles aus Frankreich und von gutem Geschmack, viel Silber für die Tafel und manches kaum gebraucht, denn außer dem ersten Herrn und Erbauer des Hauses, welcher sich in der Fremde nicht nur Geld, sondern auch Geschmack angeeignet hatte, waren alle übrigen Herren einfache Bauern geblieben, welche aus Holztellern Polenta aßen und sicher nichts lasen, als den Kalender. Dann waren noch die anderen Häuser, die großen Wälder auf der Nordseite des Tales bis weit hinauf in die Felsen, die Weiden und Wiesen, die Äckerchen, unzählige Heustöcke, gut aus Stein gebaut, und ein Sack voll Geld.«

In den folgenden Jahren entwickelte sich das mondäne Anwesen zu einem Treffpunkt exklusiver Gäste, die hier vorübergehend die Gastfreundschaft des ungewöhnlichen Paares erlebten. »Leider ist das Gästebuch der ›Barca‹ verschollen. Es würde sich wie ein kleines ›Who is who‹ der damaligen Kunst- und Literaturszene des Exils lesen«, bedauerte Peter Kamber in seiner lesenswerten Doppelbiographie *Geschichte zweier Leben.*

Für die Gäste war das Haus ein Refugium, in dem Entspannung sowie Kommunikation gepflegt, manchmal auch Kontakte angebahnt wurden. Einige der prominenten Gäste erinnerten sich an ihren Aufenthalt in der Villa. In Elias Canettis Autobiographie *Das Augenspiel* können wir nachlesen:

»Das Jahr 1935 begann für mich in Eis und Granit. In Comologno, hoch oben im vereisten Val Onsernone, machte ich während einiger Wochen den Versuch, mit Wladimir Vogel an einer neuen Oper zusammenzuarbeiten (...). Ich hatte mir vorgestellt, daß es sich, wie Vogel sagte, um eine ganz neue Art von Oper handeln würde, in der beide, Komponist und Dichter gleichberechtigt wären. Es zeigte sich aber, daß das gar nicht möglich war: ich las Vogel vor, was ich geschrieben hatte, er hörte es sich ruhig und zurückhaltend an, aber die vornehme Art, in der er das dann billigte, durch ein Kopfnicken und ein einziges Wort: ›Gut‹ und die anschließende Aufmunterung: ›Machen Sie so weiter!‹, empfand ich als Demütigung. Hätten wir gestritten, es wäre für mich leichter gewesen. An seiner Zustimmung und noch mehr an seiner Aufmunterung verging mir die Lust zu dieser Oper. (...) Die Wochen in Comologno waren trotzdem nicht ohne Folgen. Ich las meinen Gastleuten und Vogel eines Wintersonnentags im Freien die *Komödie der Eitelkeit* vor ...«

Die Gastgeber der Villa Barca luden Elias Canetti auch noch einmal zu einer Lesung nach Zürich ein. Im Haus Rosenbaums in der Stadelhoferstraße las er wieder vor einem Publikum, das mit Mißbilligung offensichtlich nicht sparte, worauf der Autor ernüchtert wieder abreiste.

Kurt Tucholsky lernte Rosenbaum und Aline Valangin 1932 in Zürich kennen und kam noch im selben Jahr für ein paar Wochen nach Comologno zu Besuch. Aline Valangin erinnerte sich:

»Er hatte zwei riesige Schrankkoffer ins Gebirge schicken lassen. Man hatte Männer aus dem Dorf holen müssen, um diese Ungetüme in den zweiten Stock des Hauses zu bringen, wo sein Zimmer lag: la chambre bleu, das beste Zimmer, mit Toilettenkämmerchen. Dort standen sie halb geöffnet, man sah den Inhalt: eine Menge Anzüge und Wäsche, Schachteln und auch Bücher. Es war imponierend. Er wechselte den Anzug tagsüber mehrmals, auch brauchte er immer wenigstens zwei Hemden am Tag und eine Unzahl Taschentücher. Ich zählte einmal, indiskreterweise, als sie gebügelt einen Stoss bildeten, hundertzwanzig aus feinstem Leinen.«

Tucholsky sparte weder an solchen Extravaganzen noch an seinen bekannten Fähigkeiten als Unterhalter. Er beeindruckte die Gäste des Hauses mit Geschichten sowie der ihm eigenen Gabe zur Selbstinszenierung. Ganz nebenbei eroberte er auch vorübergehend das Herz der Hausherrin. Ein Besucher erinnerte sich: »Neben den Gastgebern saß am Rand des Schwimmbassins ein für seine 42 Jahre allzu beleibter Mann in Badehosen, den Kopf mit einem mächtigen Strohhut beschattet und hinters Ohr eine leuchtend rote Mohnblume gesteckt. Seine Hauptbeschäftigung schien, mit Geist und Charme der Dame des Hauses den Hof zu machen, und im übrigen den Frieden der Natur zu genießen.«

Für Kurt Tucholsky blieb der Aufenthalt in Comologno ein kurzes Intermezzo. Ende August verließ er die Villa Barca wieder in Richtung Zürich. Nicht wenige verzehrten sich nach eigener Darstellung an der literaturbeflissenen, aber auch attraktiven Gastgeberin, deren Affären für Gesprächsstoff sorgten.

»Der eigentliche Star des Abends war aber doch die Dame des Hauses selbst. Man wußte von ihrer Freundschaft mit Joyce und mit Jung. Es gab kaum einen angesehenen Dichter, Maler oder Komponisten, der nicht in ihrem Hause verkehrte. Sie war klug, man konnte mit ihr sprechen, sie verstand etwas von dem, was solche Männer zu ihr sagten, sie konnte ohne Anmaßung mit ihnen diskutieren. Sie war erfahren in Träumen, etwas, was sie mit Jung verband, aber es hieß, daß sogar Joyce ihr Träume von sich erzählte. Sie hatte sich in Comologno oben das Haus geschaffen, in dem sie manchen Künstlern Zuflucht bot, die da zu arbeiten vermochten. Sie unternahm, sehr Frau, Dinge, die nicht nur zu ihrer eigenen Glorie gerieten«, erinnerte sich Elias Canetti.

Aline Valangin verfaßte in jenen Jahren ihres Aufenthaltes in Comologno kleine Texte, Novellen und Romane, die von der Umgebung des Tals und ihren Menschen handeln. 1943 erschien *Die Bargada*, eine literarische Chronik der Villa Barca. Erst in den letzten Jahren sind ihre Bücher wieder von einem größeren Publikum entdeckt worden. Ihr Roman *Dorf an der Grenze* wurde erst 1982 veröffentlicht; er erinnert an die Partisanen im oberen Onsernone-Tal.

In unmittelbarer Nachbarschaft zum Castello della Barca steht noch ein weiterer vornehmer Palazzo aus der ersten Hälfte des 18. Jahrhunderts: die Villa Gamboni. Die Geschichte beider Häuser ist ähnlich. Remigio Gamboni zog es, wie seinen Nachbarn, nach Frankreich; Jahre später kehrte er als wohlhabender Mann zurück. Vor wenigen Jahren gründete die Gemeinde eine Stiftung, um das Haus als Denkmal zu erhalten. Der Kauf der Villa ermöglichte die 2001 realisierte aufwendige Restaurierung sowie die nachfolgende Nutzung als Pension. Die Gemeinde wollte mit diesem Nutzungskonzept auch neue Weichen für einen landschaftsbezogenen Tourismus stellen. Gleichzeitig wollte man das ursprünglich herrschaftliche Ambiente des Hauses erhalten. Dazu gehören die heute noch vorhandenen historischen Möbel in einem Teil der Zimmer. Die Restaurierung des Hauses ist gelungen, und die Pension hat weitere ehrgeizige Pläne für die Zukunft. Man möchte das Wasser aus den in der Nähe befindlichen Thermalquellen für die geplanten Whirlpools nutzen. Das ist nicht zuletzt auch ein Transportproblem, denn die Quellen befinden sich weit unten am Flußbett des Isorno.
Besucher, die zu Ostern kommen, können sich in der gegenüberliegenden Osteria »Palazign« auf zarte gebratene Zicklein freuen. An normalen Tagen bekommt man hier erstklassigen Risotto serviert. Mit ein bißchen Glück hört man von den Tischnachbarn auch etwas über die Geschichte des Tals.

Noch sind wir nicht im hintersten Dorf des Tals. Die Straße führt uns aus Comologno heraus und steigt noch einmal an. Wir kommen am Restaurant »Bellavista« vorbei, das seinem Namen mit einem schönen Ausblick auf die Schlucht des Isorno alle Ehre macht. Dahinter erreichen wir Spruga. Hier ist übrigens auch die Endhaltestelle des Postbusses. Spruga ist das endgültig letzte Dorf des Tals. Ein kleiner Bioladen im Dorf kündet noch von der Aufbruchstimmung, die in den siebziger Jahren die zumeist jungen Leute erfaßte, die als sogenannte »Aussteiger« das von Abwanderung bedrohte Dorf wieder neu belebten. Aus den deutschsprachigen Regionen kamen die meisten, die sich vielfach für ein bescheidenes Leben mit ein wenig Viehwirtschaft, Bienenzucht und anderen genügsamen Erwerbsquellen entschieden. Etwa vierzig ständige Bewohner leben heute hier. Ihre Zahl ist inzwischen wieder rückläufig, denn auch die nachfolgenden Generationen, die Kinder jener einstigen neuen Bewohner, zieht es eher wieder in die Städte.
Eine schmale Straße am Ende des Dorfes führt noch weiter. Ein Schlagbaum zeigt an, daß es von hier nur noch zu Fuß weitergeht. Vorbei an verlassenen rustici, den alten Steinhäusern, die früher einmal bäuerlich genutzt wurden und nun langsam verfallen, geht es wieder abwärts. Nach etwa einer halben Stunde sehen wir den Isorno. Auf der gegenüberliegenden Seite des Flusses befinden sich die alten Thermalbäder. Nur noch Ruinen sowie ein paar Wannen sind von den »Bagni di Craveggia« zu sehen, die einst gesundheitsbewußte Besucher anzogen. Das Wasser galt bereits im 19. Jahrhundert als besonders heilsam für Hautausschläge und Krankheiten aller Art. Menschen mit Eiterflechten, Verstopfung und auch chronischen Milz- und Lebererkrankungen suchten hier Linderung. Ein gewisser

Dr. Pietro Mancini verkündete 1866 sogar: »Diese Heilwässer sind ausgesprochen wirksam, um die Phänomene der Trunkenheit abzuschwächen oder vollkommen zum Verschwinden zu bringen.«
Jenseits solcher Legenden besaßen die Menschen im Tal bereits sehr viel früher Kenntnisse über die besondere Wirkung ihrer Quellen, die aber erst im 19. Jahrhundert der Öffentlichkeit bekannt wurden. Die Dorfbewohner bauten zunächst Auffangbecken aus Granit, schließlich, gegen Ende des 19. Jahrhunderts, ein kleines Kurhotel, das in den fünfziger Jahren allerdings von einer Lawine zerstört wurde. Vor einigen Jahren verschwand durch ein Unwetter auch die zu den Quellen führende Brücke, so daß sie an dieser Stelle nur noch bei seichtem Wasserstand des Isorno erreichbar sind. Eine Brücke zum anderen Ufer gibt es ein Stück weiter flußabwärts. Die Thermalquellen rinnen weiter ungenutzt aus den Felsen, und das »Wunderwasser« verteilt sich unbeachtet auf dem Grund des Tals.
Hier unten beginnt nach wenigen Schritten Italien. Eine kleine Holztafel ist alles, was auf die unsichtbar verlaufende Grenze hinweist. Unbewacht ist sie schon lange. Früher standen italienische Grenzwächter dort, wo die Straße aufhört, »in ihrer Uniform, Burschen aus Palermo und Messina, ihre Hände in den Hosentaschen, froh, wenn ein Holzfäller oder ein Sportfischer sich mit ihnen unterhält«, wußte Max Frisch noch zu berichten.
Das Grenzgebiet war niemals eine undurchdringliche Barriere. Früher war es ein Eldorado für Schmuggler, die jenseits der offiziellen Zollgrenzen unbemerkt die abgelegenen Übergänge passierten. Hardmeyers Reiseführer aus dem Jahr 1890 klärt uns auf:
»Zur Vervollständigung des Genusses, oder vielmehr zu grösserer Erregung des Gemütes kannst du hier herum,

wie es mir zu teil wurde, oft waghalsige Schmuggler sehen, Contrabandieri von drüben aus dem Piemont, starke, forsch aussehende junge Burschen, die täglich ihr Leben riskieren, um der gehässigen Fiskalität Trotz zu bieten. Sie sassen im kleinen dürftigen Wirtshaus zu Comologno und luden mich zu einem Glase Wein ein, das sie mir scherzend kredenzten; sie wiesen mir ihre Revolver und trieben Scherz und Mutwillen. Dann schnallten sie sich gegenseitig die Bürden auf den Rücken, und ich konnte bemerken, dass sie Lederzeug und Tragwerk gar praktisch eingerichtet haben. Einer von Ihnen führte einen Feldstecher mit sich, um die Gegend zu durchspähen. Gegen 2 Uhr reisten sie ab; sie wollten vor Abend noch jenseits des Berges zu den obersten Alphütten gelangen, um dort die Nacht zuzubringen. Ich sah ihnen noch lange nach; unten aus dem Thalgrunde schwang, mir zum Grusse, einer von ihnen jauchzend den Hut und ein anderer feuerte einen Revolverschuss los, so dass es in den Felsen wiedertönte; dann eilten sie dem jenseitigen Gebirge zu.«
Der Schmuggel gehörte in jenem Reiseführer zu den pittoresken Sehenswürdigkeiten des Onsernone-Tals, die manche Touristen der ersten Generation, mit Hardmeyers Reiseführer unter dem Arm, vielleicht zu sehen erhofften. Für Unterkünfte war schon zu dieser Zeit gesorgt. Ein Gasthof in Spruga oder das bereits erwähnte Kurhotel an den Thermalquellen waren für die Besucher gerüstet.
Unterschlupf bot das unzugängliche Gebiet auch den Partisanen des italienischen Widerstandes während des Zweiten Weltkriegs.
»In diesem Zusammenhang möchte ich nur die Ereignisse bei den ›Bagni di Craveggia‹ vom 18. Oktober 1944 erwähnen, als zweihundertfünfzig Partisanen der Piave-Division und zweihundert Zivilisten, vom Feind verfolgt, zerlumpt

und erschöpft die Grenze überschritten und Rettung und Stärkung auf Schweizer Territorium fanden«, berichtete der Tessiner Ortschronist Vasco Gamboni.
Die Geschehnisse gaben Aline Valangin den Anlaß für ihren Roman *Dorf an der Grenze*, der die Scharmützel des Krieges in einer Parabel enden ließ: »Wir sind alle stumpf gewesen, wie Rindvieh. Besinnt euch, wir wollten nichts vom Krieg wissen.«
Der Weg am Isorno führt noch weiter in die piemontesische Bergwelt hinauf. Uns zieht es erst einmal wieder zurück, um woanders Neues zu entdecken.

Ascona

»Ascona liegt, wie der Lago Maggiore überhaupt, neun Grad östlich von Greenwich und ist in beinahe gleichem Abstand begrenzt vom Aequator und vom Nordpol: 46 Grad südlich von jenem, 44 Grad nördlich von diesem.«
Mit dieser geographischen Beschreibung begann Erich Mühsam seine Leser zum Thema »Wissenswertes« über Ascona einzustimmen. Als er jene einführenden Worte wählte, stand die Verwandlung des kleinen Fischerdorfes zu einem »Weltdorf« prominenter Namen erst an ihrem Anfang.
Ascona ist ein Sonderfall. Nirgendwo hat es im Tessin einen solchen Ansturm von deutschsprachigen Künstlern, Literaten, Lebensreformern, Anarchisten, Emigranten und Lebenskünstlern gegeben. Die Liste der Namen ist unendlich lang. Sie bleibt, trotz zahlreicher literarischer Versuche, sie übersichtlich zu machen, bis heute weitgehend unüberschaubar. »Der Großaufmarsch begann mit der Jahrhundertwende«, so entwarf der Autor Dieter Bachmann in seinem Aufsatz *Das andere Leben* 1983 das Bild der ersten Welle von Neuankömmlingen auf das kleine und unbedeutende Fischerdorf, deren Bewohner wahrscheinlich zunächst gar nicht so recht begriffen, was mit ihrer kleinen Lebenswelt geschah.
Gemeint waren die Siedler des legendenumwobenen Berges Monte Verità oberhalb des Dorfes, die 1900 in Scharen kamen und als Initiatoren des Begriffs »Ascona« gelten. Es folgten noch viele weitere, die sich im Schatten der sich mitunter seltsam gebärdenden Lebensreformer auf dem Wahrheitsberg aufhielten und mit ihren manchmal bizarr anmutenden Ideen an der Legendenbildung des Ortes mitwirk-

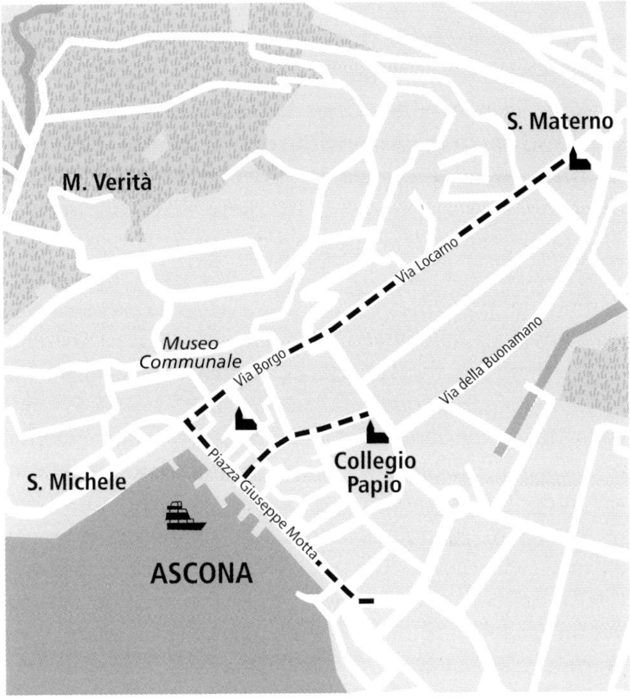

ten. Neben jenen Gruppen mit besonders ausgeprägtem Sendungsdrang kamen auch viele, die hier nur ihr privates Glück suchten. Ein einigermaßen komplettes Bild jenes Phänomens »Ascona« erhält man wohl am ehesten aus der umfangreichen Literatur. Heute ist Ascona nur noch ein Seeort neben vielen anderen am Lago Maggiore, der sich vor allem um das Tagesgeschäft bemüht. Das ist mit den alljährlich im Frühling eintreffenden Touristen verbunden.

Doch der Reihe nach. Wir starten zu unserer kleinen Zeitreise in Locarno. Mit dem Stadtbus erreicht man Ascona bequem in fünfzehn Minuten. Kurz vor dem Ortseingang, direkt an der hier abzweigenden Ausfahrtstraße Via Losone, steigen wir aus und begeben uns zu unserer ersten Station, dem ehemaligen Teatro Materno.

Das Gebäude finden wir am Beginn der Via Losone gleich auf der linken Seite. Ein aktueller Touristenwegweiser führt das Haus als besondere kulturelle Sehenswürdigkeit. Was man schließlich sieht, enttäuscht die Erwartungen. Eine langsam in sich zusammenfallende Bauruine, die sich in einem bemitleidenswerten Zustand befindet. Der Eingang ist mit einem Bretterverschlag zugenagelt. Die Fenster sind mit schwarzer Farbe überstrichen. Der Putz bröckelt von den Wänden, und das Dach ist notdürftig mit einer Holzkonstruktion vor dem Regen gesichert. Traurig, denn die Geschichte des Theaters ist erzählenswert.

Sie ist eng verbunden mit einem der zahlreichen deutschsprachigen Wahltessiner in den zwanziger Jahren. Der in Bremen geborene Künstler und Architekt Carl Weidemeyer verließ das bekannte Künstlerdorf Worpswede und führte sich in Ascona mit dem Entwurf des vor uns befindlichen Theaters ein. Es war sein architektonisches Debüt am Ort, und er sorgte für einigen Wirbel in der Öffentlichkeit. Streit gab es schon unmittelbar nach Fertigstellung des Baus 1928: Es ging um das flache Dach, das seinerzeit in Deutschland in den Kreisen der klassischen Moderne hoch im Kurs stand, aber gleichzeitig zum Politikum hochstilisiert wurde. Manche Kritiker sprachen von »Beduinenarchitektur« oder »arabischer Bauweise«. In anderen konservativen politischen Milieus, die sich inzwischen in völkischen Ideologien gut aufgehoben fühlten, verwendete man bereits etwas deftigeres Vokabular mit Begriffen wie »Kulturbolschewismus«.

Hier in Ascona reagierte der Gemeinderat auf die neue

Baukultur leicht verschreckt und bildete schnell eine Kommission, die in Zukunft reglementierenden Einfluß auf Neubauten dieser Art nehmen sollte.
Carl Weidemeyer, der gerade erst in Ascona angekommen war, spürte den heftigen Gegenwind seiner Kritiker vor Ort, die bisweilen von »nordischer Einfuhrware« sprachen. Ernüchtert schrieb er: »Die Geschäfte gehen nicht gerade gut hier. Auch beginnt der hiesige Bürgermeister mit einigen Gleichgesinnten den Kampf in den Zeitungen gegen meine Bauart. Und lässt meine Pläne zurückweisen. Zur Associerung kann ich mich nicht entschliessen, vielleicht bleibe ich nur noch diesen Sommer.«
Auch Walter Gropius, der ehemalige Direktor der weltberühmten Kunstschule »Bauhaus«, meldete sich in jenen Tagen zu Wort und sicherte Weidemeyer brieflich seine moralische Unterstützung zu, die er, konsequent nach den neuen Idealen des Bauhauses, in Kleinschreibung verfaßte:
»sehr geehrter herr weidemeyr,
mit großer freude habe ich ihre arbeit gesehen, wie ich höre, werden ihnen schwierigkeiten bereitet wegen anwendung des flachen daches aus einer missverstandenen auffassung heraus, als ob das flachdach in die tessiner landschaft nicht hineinpasse. Ich bin darüber besonders erstaunt, wenn im grauen norden die sachlich an und für sich unrichtigen einwände gemacht werden, das flache dach passe nicht in die landschaft, so kann man hier noch verstehen, dass der an, das frühere spitzdach so gewöhnte laie ein ablehnendes gefühl dabei hat. Ganz unberechtigt ist dies aber in der südlichen landschaft am lago maggiore. Ich bin der überzeugung und zahlreiche beispiele in anderen ländern und gegenden aus der jetztzeit geben mir recht, dass das flachdach das spitzdach vollständig ver-

drängen wird«, so die prophetische Vision des Bauhausgründers.
Weidemeyer blieb hartnäckig und bewies Standvermögen. Nach den Querelen seines ersten Entwurfs stellte sich der Erfolg ein, denn mit weiteren Aufträgen etablierte er sich in einem Kundenkreis rings um Ascona, der sich durchaus mit der neuen Architektur anfreunden konnte. Weitere Villen entstanden aus seiner Hand, von denen heute einige umgebaut oder gar nicht mehr vorhanden sind.
Auftraggeber des Theaters war die Familie Bachrach, die auf der anderen Straßenseite im Castello Materno residierte. Auch dieses alte ehrwürdige Gebäude, das dem Theater an Baufälligkeit nicht nachsteht, hat schon bessere Tage gesehen. Es bleibt die Hoffnung, daß der endgültige Verfall beider Häuser, die mit dem kulturellen Erbe jener einflußreichen Familie verbunden sind, in nicht so ferner Zukunft gestoppt werden kann. Der Wille zum Erhalt des Theaters wurde von der Gemeinde bekundet.
Das Teatro Materno wurde für die Tochter der Familie Bachrach, die seinerzeit zu den großen Talenten des Ausdruckstanzes gehörte, gebaut. Mit dem Namen Charlotte Bara wurde sie erstmals in Berlin bekannt, wo sie auf der Bühne Max Reinhardts glänzte. Ihre Berliner Auftritte fanden nicht selten vor einem frenetisch jubelnden Publikum ihren Abschluß.
Ausgerechnet hier, im kleinen provinziellen Ascona, erhielt sie nun ihren Tanztempel. In spätmittelalterlich wirkenden Gewändern und mit Inszenierungen aus testamentarischen wie mythologischen Themen begeisterte sie das Publikum mit einer eigenwilligen Choreographie. Ein Auszug aus ihrem Repertoire in den zwanziger Jahren liest sich wie eine Auswahl christlich-mythologischer Motive:

»Ägyptischer Tempeldienst«, »Auferstehung«, »Die gotischen Tänze der Charlotte Bara« oder »Die törichten Jungfrauen«.

Für manche mittelalterbegeisterte Künstler stand sie Modell, beispielsweise für Georg Kolbe, der einen kompletten Zyklus von ihr gestaltete. Auch Heinrich Vogeler, Mitbegründer der berühmten Worpsweder Künstlergruppe, erinnerte sich fasziniert an eine Tanzvorführung der gerade erst siebzehnjährigen Charlotte Bara, die 1918 zu Gast auf dem »Barkenhoff« weilte:

»Ihre Tanzbewegungen hatten in der Hauptsache ein ganz langsames Tempo, mit dem sie Trauer, Zusammenbruch und Tod darstellte. Sie tanzte vornehmlich nach Musiken von Bach, Debussy und Saint-Saëns. Aufbau, Zusammenbruch und Totentanz waren ihre dramatischen Tanzvorführungen. Für einen Künstler so faszinierend, da jede kleinste Bewegungsänderung im Körper zu einer geschlossenen ausdrucksvollen Plastik wurde. – Ich kam auf diese Weise zum realistischen Studium, malte auch ein Bildnis von Lotte, das eine ihrer geschlossenen Bewegungen mit auf der Brust liegenden ausdrucksvollen Händen wiedergab. Der Hintergrund war horizontlos, ein undurchdringlicher fester Wald, der um ihre Figur herum hinter einem gotisch ummauerten Garten begann, in dem sich Frauen bewegten, trauernd, flehend und verzweifelt.«

Jenes Bild Vogelers hängt heute im Worpsweder Museum »Haus im Schluh«. Charlotte Bara hat das Pathos der Mittelalterbegeisterung ihrer Zeit, das vor allem in den Kreisen des Expressionismus florierte, auf die Bühne des Ausdruckstanzes gebracht. Sie selbst betonte die religiösen Wurzeln ihrer tänzerischen Darbietungen:

»Das Publikum ist daran gewöhnt, den Tanz als Bewegung, als Ausdeutung der Musik durch den Körper zu werten.

Und doch war der Tanz in seinem Ursprung Ausdruck des religiösen Empfindens, sein Charakter war kultisch, bisweilen magisch.«
Im Teatro Materno war sie der Star und die Hausherrin. Sie richtete eine eigene Tanzschule mit Unterricht für Bewegungskunst, Musik und Sprechkunst ein. Gästen stand eine kleine Wohnung zur Verfügung. Mit dem Theater erhielt die kleine Kulturgemeinde Asconas ihren festen, über Jahre andauernden Mittelpunkt und Veranstaltungsort. Neben zahlreichen Gastspielen spielten die Asconesi in kleinen Aufführungen auch nur für sich selbst. Fotografien aus jenen Tagen zeigen den Architekten Carl Weidemeyer oder Paul Bachrach selbst auf der Bühne. Hier in Ascona ging es eben doch ein bißchen familiärer zu, was dem improvisierten Charme mancher Aufführungen keinen Abbruch tat. So blieb man hier bisweilen auch unter sich und doch weit genug davon entfernt, was man seinerzeit als »Vorort« von Berlin bezeichnete.
Carl Weidemeyer übrigens blieb sein Leben lang in Ascona. Fast hundertjährig starb er 1976. Wenn vom »Bauhausstil« die Rede ist, wird nicht selten auf seine in Ascona gebauten Häuser Bezug genommen, obwohl er selbst als Student nie die Unterrichtsräume und Ateliers der weltberühmten Kunstschule von innen gesehen hat.

Ganz im Gegensatz zu Oskar Schlemmer, der den Weg der Schule über Jahre als Lehrkraft begleitete. Ihn verschlug es in den zwanziger Jahren nach Ascona, um Urlaub zu machen.
»Die ersten Wellen waren Zeichen der Ankunft und des Neuen. Dann kam die Welle der Besuche meiner Frau. Vierköpfige Verwandte«, beschwerte er sich am 18. August 1927 in seinem Tagebuch, das über seinen mehrwö-

chigen Aufenthalt am Lago Maggiore Auskunft gibt. Der Künstler fühlte sich sichtlich in seiner Konzentration gestört, weil sein Urlaub inzwischen in Arbeit übergegangen war, was er der zufälligen Urlaubsbekanntschaft mit dem Berliner Dirigenten Hermann Scherchen zu verdanken hatte. Die gemeinsamen Ferienplaudereien glitten unaufhaltsam in Arbeitsgespräche über. Schließlich tauschte man sich über die Idee einer Neuinszenierung von Igor Strawinskys *Les Noces* aus. Schlemmer sollte das Bühnenbild entwerfen. Das Ballett sollte auf ein Band gemalt und schließlich auf eine riesige Leinwand projiziert werden.
»Er wünscht, daß ich Neues schaffe und nicht an dem Triadischen (*das Triadische Ballett am Bauhaus, der Verf.*) hängen bleibe, was leichter gesagt als getan ist«, so der sichtlich angestrengt wirkende Schlemmer.
Sein Arbeitseifer wurde auch durch weitere in Ascona ankommende Urlaubsgäste gestört. Lästig schien ihm die Anwesenheit der anderen Bauhaus-Kollegen wie Laszlo Moholy-Nagy oder Marcel Breuer, die ihn ständig ablenkten.
»Es ist Mittagszeit und sozusagen ›brütend‹, brütend auch für die Eier der Gedanken, die hier zu legen ich ernstlich bezweifle, denn ich fühle mich ganz dumm hier. Es ist nicht unbedingt grenzenlose Faulheit, es ist das Hin und Her mit der Familie, mit den oft wild tollenden Kindern, und dann auch mit den immer neuen Ankömmlingen (...)«, stöhnte Oskar Schlemmer launig.
Das Projekt mit Scherchen erhielt schließlich doch noch erste Konturen. Schlemmer schuf, wieder aus dem Urlaub zurückgekehrt, in Dessau eine Reihe von Entwürfen. Bedauerlicherweise kam kurz darauf vom Dirigenten die Absage aufgrund fehlender finanzieller Mittel. Als inzwischen gefragten Bühnengestalter holte man Schlemmer ein Jahr später an die Sächsische Staatsoper in Dresden.

Soweit das Thema Bauhaus. Wir begeben uns weiter vom Teatro Materno in Richtung der Altstadt von Ascona. Die Straße führt uns geradeaus in die Via Borgo. Unterwegs sehen wir auf der rechten Seite den terrassenförmig angelegten Friedhof, wo zahlreiche bekannte Namen des einstigen kleinen kulturellen »Gewächshauses« Ascona zu finden sind. Hier ist auch Charlotte Bara begraben.

»Ascona am Lago Maggiore erschien uns wirklich wie ein Ort auf einem anderen Stern. Die Hauptstraße, die mitten durchs Dorf führte, war von Weinlaub überspannt, von denen man die Muskattellertrauben nur noch abpflücken mußte. Überall wuchsen Edelkastanien, Mais und Tomaten. Man konnte von den Früchten des Landes leben. Das Geld schien hier ein überflüssiger Begriff. Wir waren im Paradies, ohne es zu wissen«, schrieb Claire Goll vor knapp hundert Jahren schwärmerisch in ihren Erinnerungen *Ich verzeihe keinem.*

»Zunächst wohnten wir bei einem Rechtsanwalt, dessen Villa Ausblick auf den See bot. Ich hatte eine Eidechse gezähmt, die immer kam und mir zart an den Fingern knabberte, ferner eine Kröte, die singen konnte. Später mieteten wir ein von Reben und Mais umgebenes Haus. Jeden Morgen flatterten die Finken auf die Terrasse, um die Körner aufzupicken, die ich ihnen hinstreute. Das dritte Haus lag oberhalb des Dorfes, und vor Sonnenaufgang weckte uns das Konzert eines ganzen Nachtigallenorchesters.«

Vor dem Hintergrund der weltpolitischen Ereignisse im Jahr 1918 waren solche nostalgischen Rückblicke vielleicht nur zu verständlich, denn Claire Goll hoffte, wie viele andere, auf das Ende des Ersten Weltkriegs. Zahlreiche Freunde und Bekannte aus der gemeinsamen Züricher Zeit hatten sich in jenen Tagen in Ascona eingefunden. Hans Arp, Marianne Werefkin, Alexej Jawlensky und viele andere warteten hier auf die letzten Tage des Schreckens. Yvan und Claire Goll erlebten mit ihnen gemeinsam am 11. November 1918 den langersehnten Waffenstillstand. »Die ganze Künstlerkolonie von Ascona hatte sich versammelt; jeder brachte nach Vermögen Wurst und Flaschen mit, um das Ereignis, auf das wir seit Jahren warteten, zu begießen.«

Wir spazieren weiter auf der Via Borgo und erreichen das auf der linken Seite befindliche Café Verbano. Das war nicht irgendein, sondern *das* Café, wo sich der Kreis von Emigranten und Intellektuellen traf. Das Verbano war der Treffpunkt der Boheme, wo man die Kultur des kreativen und kommunikativen Kaffeetrinkens pflegte. Die Schriftstellerin Else Lasker-Schüler war hier Stammgast. Im Sommer 1935 bezog sie auf der anderen Straßenseite ihr Quartier in einer kleinen Wohnung. Curt Riess, Asconeser Chronist, der *Die Geschichte des seltsamsten Dorfes der Welt* erzählte, erinnerte an den Geburtstag der Autorin:

»Dann geschah ihr etwas Schreckliches. Sie wurde sechzig. Zumindest stand es so in den Schweizer Zeitungen, und sie konnte sich nicht einmal beklagen, denn sie hatte immer behauptet, 1876 geboren zu sein. In Wirklichkeit war sie 1869 zur Welt gekommen, also marschierte sie schon auf die Siebzig zu. Aber jetzt wollte sie nicht einmal sechzig sein. Als man ihr gratulierte, bekam sie Tobsuchtsanfälle. Das ›Verbano‹ betretend, schrie sie in den Raum: ›Nur mir nicht gratulieren zu einem sechzigsten Geburtstag, das ist ja gar nicht wahr!‹ Als Frau Linson in das Café hereinkam, stürzte das Geburtstagskind, das es nicht sein wollte, auf sie zu. ›Sie sind Polin, Sie sind höflich, Sie werden mir nicht sagen, daß ich sechzig bin!‹«

Sie hat nicht selten mit exzentrischen Auftritten zu solchen

Beschreibungen Anlaß gegeben. Aber neben solch anekdotischen Erzählweisen, die das Klischee einer stets fröhlichen, sich selbst inszenierenden Boheme bedienten, soll nicht unerwähnt bleiben, daß Else Lasker-Schüler seit ihrer Flucht 1933 aus Berlin am Rande des Existenzminimums lebte. Im Sommer desselben Jahres verbrachte sie zwei Monate in Locarno, wo sie sich mit einer improvisierten Kochgelegenheit notdürftig versorgte. Der Umzug von Zürich nach Ascona 1935, wo sie knapp ein Jahr blieb, bescherte der Schriftstellerin eine kaum beheizte Wohnung, die sie tagsüber häufig mit dem Café Verbano tauschte. Ihren kärglichen Lebensunterhalt verdiente sie bisweilen mit dem Verkauf von Zeichnungen an Züricher Kaufhausdirektoren oder aus anderen spärlichen Honorarbezügen.

Hier in Ascona arbeitete die jüdische Schriftstellerin an ihrem Buch *Das Hebräerland*, nachdem sie zwei Jahre vorher ihre erste Reise nach Palästina unternommen hatte. Im Teatro Materno las sie auszugsweise aus ihren Texten. Die Arbeit am Manuskript war mühselig, auch weil sie gesundheitlich angeschlagen war und ihr der finanzielle Rückhalt fehlte. 1935 vermeldete sie: »Nun konnte kein Mensch begreifen, daß ein Buch so zu sagen zuguterletzt in eine Goldwerkstatt muß. Jedes Wort habe ich vergoldet und bin nun selbst – zufrieden.«

Noch hatte sie aber keinen Geldgeber für die Publikation des Manuskripts gewonnen, so daß sie im selben Jahr einen Brief an den 1933 nach Jerusalem emigrierten jüdischen Verleger und Mitinhaber des gleichnamigen Warenhauskonzerns Schocken schrieb. »Ich habe dazu 14 Bilder gezeichnet wie ich ja immer meine lieben Bücher illustriere.«

Trotz der Hochachtung, die Schocken der Schriftstellerin

entgegenbrachte, erhielt sie von ihm aus finanziellen Gründen eine Absage. Schließlich gelang es ihr, das Interesse des Züricher Verlegers Emil Oprecht zu wecken, der das Buch 1937 veröffentlichte. Insgesamt reiste Else Lasker-Schüler dreimal in jenen Jahren nach Palästina. Die letzte Fahrt unternahm sie 1939: Es war eine Reise ohne Wiederkehr – sie erhielt von den Schweizer Behörden keine Einreisegenehmigung mehr.

Das Café Verbano gibt es, zumindest dem Namen nach, noch heute. Als Restaurant und Pension wird es geführt. Alte Schwarz-Weiß-Fotos an den Wänden des Restaurants sind die letzten Spuren jener längst vergangenen Zeit.

Wir setzen unseren Weg fort und gelangen nach ein paar Metern auf den rechts befindlichen Eingang zum Gemeindemuseum. Die Geschichte des »Museo comunale d'arte moderna« begann 1922, als sich die in Ascona ansässigen Künstler entschlossen, mit Schenkungen die erste Kunstsammlung zu stiften. Bis dato hatte man weitgehend mit Ausstellungsräumen improvisiert. Jakob Flach, der in Ascona seinerzeit ein Marionettentheater betrieb, blickte zurück:

»Man nistete sich, um seine Kunst zu zeigen, in Räume ein, die zufällig leerstanden und nicht das geringste von dem boten, was ein Gemälde verlangt, um selbstbewusst in die Welt blicken zu können, (...). In Zimmern und Korridoren des Schulhauses während der Ferien; im Parterre der Casa Tamaro, bevor sie zum Hotel wurde; unter den Bögen und in den halbhellen Sälen der Casa San Cristoforo versuchte man das Nützliche mit dem Wahnsinnigen zu verbinden, (...). Neben alten Granitsäulen standen nun die Plastiken der Bildhauer, in der verrauchten Küche hingen die Stilleben, in den Schlafkammern Bildnisse und

Akte und in der Galerie, halb im Freien, unter schadhaften Deckengewölben die Landschaften.«

Zu den bekannten Künstlern in diesem Kreis zählte Marianne Werefkin. Ihre Bilder gehören bis heute zu den Grundbeständen des Museums, das einen sehenswerten Querschnitt durch die Kunst des 20. Jahrhunderts gibt. Daneben finden auch Sonderausstellungen statt. Werefkins Nachlaß, wie auch der von Carl Weidemeyer, befinden sich hier. Das Haus ist auch Sitz der Stiftung Marianne Werefkin.

Noch ein paar Schritte, dann haben wir das Seeufer von Ascona erreicht, das wahrscheinlich zu den schönsten am Lago Maggiore gehört. Nicht zuletzt, weil die Uferpromenade für Autos gesperrt ist. Die Piazza Giuseppe Motta, auf der vor vielen Jahren noch der Autoverkehr zirkulierte, wurde in eine Fußgängerzone umgestaltet. Seitdem läßt sich hier wieder ungehindert flanieren, und man hat direkten Zugang zum Seeufer. Die alten Gassen des Dorfes stoßen hier auf die Promenade. Der Blick auf den See ist an dieser Stelle unvergleichlich schön. Hier glauben wir endlich in den Bildern überschwenglicher Schwärmereien und arkadischer Sehnsüchte, die uns so manche Tessin-Reisende hinterlassen haben, angekommen zu sein. Der Religionswissenschaftler und Mythenforscher Mircea Eliade erinnerte sich an »(...) dieses undefinierbare Glückgefühl, das mich glauben ließ, diese Gegend sei für mich ein heiliges Land, das mir Glück bringen werde«, als er 1959 mit dem Boot von Ascona zu den Eranos-Tagungen fuhr.

Bleiben wir noch ein wenig bei den euphorischen Lobreden über diese Landschaft:

»Und wie schön diese Landschaft ist! In weitem Umkreise hohe dunkelgrüne Bergzüge, lange sanftgewellte, hie und da langsam abfallende Höhenflächen, manchmal unterbro-

chen von vulkanartig sich zuspitzenden Kegeln. Und wo der See im Winkel umbiegt tiefer nach Italien hinein, da schiebt sich eine neue stillmächtige Wand vor den Blick und vollendet die Umschliessung. Nördlich aber, über Locarno recken sich die schneestrahlenden Zacken der Alpen riesig in die Höhe; – ein wunderbarer Kontrast zu der friedlichen Bergkette im Osten, Westen und Süden.
Hellgrün ist die Farbe des Sees, seltener bläulich, nur wenn es stürmt und starke Wogen dröhnend ans Ufer schlagen, dann bäumt sich das Wasser in dunkelgrünen, gischtspritzenden Brandungen. (...) Es ist als ob die in steiler Schräge nach dem Wasser abfallenden Hänge mit unterirdischen Fingern den Boden des Sees emporheben, und als ob jenseits der Berge nach allen Seiten hin tiefe Täler liegen, – viel viel tiefer als die Oberfläche des Sees.«
Solche ungeahnt poetischen Zeilen stammen aus der Feder Erich Mühsams, den man eher als politischen Literaten kennt. Mühsam, der zu Beginn des 20. Jahrhunderts als interessierter Gast oben auf dem Monte Verità weilte, hinterließ seinen Lesern eine Broschüre über das Fischerdorf *Ascona.* Seine Landschaftsbeschreibungen gehören zu den vielleicht schönsten über das Tessin. Die Perspektive seines Blickes kann man am Ufer der Piazza nachvollziehen. Man schaut von hier über den See auf die Berge des Gambarogno, hinter denen Lugano liegt. Man sieht auf die kleinen Dörfer, die sich mit ihren Neubauvillen in die oberen Berghänge hineingeschoben haben, aber ihre alten Ortskerne noch an der Uferstraße besitzen. Schließlich erkennt man an der Uferlinie jenen Knick, an dem der See um die »Ecke biegt« und Italien beginnt.

Wir bleiben noch ein wenig auf der Piazza in Ascona und bewundern die mit Platanenbäumen bepflanzte Uferpro-

menade. Eine Fotografie aus der Zeit Mühsams zeigt das Ufer unbefestigt.
»An der Querseite entlang stehen alte echt italienische Häuser mit geräumigen Arkaden unter dem ersten Stockwerk, und davor der Raum bis zum Wasser ist breit genug, um mehrere Reihen Bäume, eine bequeme Fahrstraße und weiteren Spielraum für die lebhaften und schönen Kinder zu lassen, die Asconas Hoffnung sind«, beschreibt Erich Mühsam seinen Blick auf die Häuser entlang der Promenade.
Kinder der Bewohner sind hier kaum mehr zu sehen, dafür aber die dicht an dicht sitzenden Touristen, die in den warmen Jahreszeiten auf den Stühlen der zahlreichen Restaurants vor den »echt italienischen Häusern« ihren Platz eingenommen haben. Sie sind die Gegenwart Asconas, dessen heutige Infrastruktur ohne sie nicht überleben könnte.
Eine spärliche Anzahl von Urlaubsgästen gab es schon zu Mühsams Zeiten, der kritisch prophezeite:
»Noch ist es schön und still hier. Noch genügen den wenigen, die statt auf den Monte Verità in Kur gehen, lieber im Ort selbst wohnen, die eingesessenen, alten Wirtschaften, an denen natürlich bei dem trinkfesten Tessinervolk kein Mangel herrscht. Male ich mir aber aus, hier könnten Hotels und Kurhäuser entstehen, aus Ascona könnte eine Sommerfrische werden, wo deutsche Rentner und Töchterpensionate Ozon schlürfend spazieren ständern, wo asthmatische Tanten ihren hühnerbrüstigen Nichten eine passende Partie suchen, – dann wollte ich lieber, einer der umliegenden Berge enthüllte einen ungeahnten mildtätigen Krater, der noch vorher alle Lieblichkeit des Ortes in Asche und Lava ersäufte.«
Soweit die etwas boshaft klingenden Phantasien Erich Mühsam auf eine ihm noch unbekannte und weit entfernte

Die Uferpromenade von Ascona

Epoche des Massentourismus. Und das Ascona von heute? Hotels und Pensionen gibt es hier inzwischen in Hülle und Fülle. Eine Elektrolokomotive fährt die Besucher auf der Piazza entlang, und an den Ufern des Sees liegen statt Fischerkähnen die Boote der Freizeitkapitäne. Bissig klingen die Beschreibungen Paula Almquists zum bröckelnden Oberflächenglanz des ehemaligen Weltdorfes in *Ascona. Eine fatale deutsche Liebe*:

»Ascona ist immer noch sehr, sehr hübsch. Aber man kann es nicht mehr schön nennen. Sein Zuckerguß schmeckt nach Sacharin. Die Esoterik ist Escada-Boutiquen gewichen, selbst wenn die seit 1933 stattfindenden Eranos-Tagungen noch heute so hochkarätige Festrednerinnen wie Annemarie Schimmel herbeilocken. In der Altstadt gibt es keinen Metzger, keinen Gemüsemann, keinen Schuster mehr. Dafür drei Apotheker mit deutlicher Schaufensterausrichtung auf Rheuma: Ziegenbuttersalbe gegen Arthrose und andere Altersbeschwerden. In den diskret am Ortsrand versteckten Supermärkten beherrschen Witwen-Portionen von Pastete und mikrowellengerechte Einmann-Tellergerichte das Angebot. Zur Mittagsschläfchenzeit sind alle Läden dicht und in den Gastronomiebetrieben sind die Preise so, daß man sich wundert, wieso sie das Tütchen Zucker zur Tasse Kaffee noch nicht extra berechnen. Schmuckläden mit 20 000-Mark-Uhren satt. Doch in den meisten Boutiquen scheint man den matten Flügelschlag des Pleitegeiers zu hören.«

Das klingt vielleicht ein wenig übertrieben, aber auch nicht ganz fern einer Wirklichkeit, in der vor allem Edelboutiquen, Schmuck und Uhrengeschäfte den exklusiven und entsprechend teuren Geschmack während der touristischen Hochkonjunktur bestimmen. Ascona ist in die Jahre gekommen. Mit dem Ort auch viele der Besucher. Vor et-

was über hundert Jahren sorgten die Lebensreformer auf dem Monte Verità dafür, daß die Welt zwischen München und Berlin aufhorchte und von dem kleinen Fischerdorf Notiz nahm. Es folgten die künstlerische sowie literarische Boheme, schließlich Pauschaltouristen, Zweitwohnsitzinhaber und Prominente, die in den fünfziger und sechziger Jahren die Grundstückspreise in unerschwingliche Höhen trieben. Wer zu dieser Zeit seinen Kaffee auf der Piazza trank, hatte nicht schlechte Chancen, an den Nachbartischen das eine oder andere bekannte Gesicht aus dem deutschen Fernsehen zu erkennen. Der oberhalb von Ascona residierende Geldadel nimmt heute kaum mehr Notiz vom Ort. Man lebt lieber abgeschieden und anonym für sich auf weitläufigen, prachtvollen Grundstücken mit Blick auf den See. Von November bis März sind die etwa 5000 Einwohner von Ascona ohnehin unter sich, denn die Touristen sind verschwunden und mit ihnen auch viele der Ladenbesitzer. Auch in den Restaurants an der Uferpromenade wird es nun still. Nur noch in der Via Borgo, der schmalen Hauptgeschäftsstraße, bleiben für die Einheimischen ein paar Geschäfte in der Altstadt über den Winter geöffnet. Der Ort ist immer noch schön, und für uns lohnt es sich nach wie vor, an einem sonnigen Sommertag von der windgeschützten Bucht der Uferpromenade auf den spiegelblanken See zu schauen.
Wir wenden uns wieder unserer Umgebung zu. Noch sind wir auf der Uferpromenade, auf der wir nach wenigen Schritten auf der linken Seite einen vom Seeufer ansteigenden kleinen Platz sehen. Dort steht die Pfarrkirche Santi Pietro e Paolo mit ihrem Campanile. Die Kirche mit einer hölzernen Balkendecke im Mittelschiff wurde im 16. Jahrhundert umgebaut. Sie bildete über Jahrhunderte den religiösen Mittelpunkt der kleinen Gemeinde und ist ein

kunstgeschichtliches Juwel. In einer Nische an der Fassade der Kirche stehen die Schutzheiligen des Ortes, Petrus und Paulus. Das Besondere der Kirche aber ist ihre Innenausstattung. Zum besonderen Stolz der Gemeinde gehört vor allem das von Giovanni Serodine gemalte riesige Bild des Hochaltars aus dem 17. Jahrhundert, welches die Marienkrönung zeigt. Zwei weitere Bilder des Malers sind an den Innenseiten des Eingangs zu sehen. Die Geschichte der Familie Serodine ist typisch für das Tessin. Im 16. Jahrhundert zog sie nach Rom. Ein Nachkomme, Giovanni Serodine (1600-1630), kehrte als gefragter Künstler seiner Zeit an den Lago Maggiore zurück, um hier die Arbeiten an der Kirche vorzunehmen.
Rechts neben der Kirche steht die Casa Serodine, ein imposant wirkendes Patrizierhaus. Die üppig gestaltete Fassade mit Reliefs und vollplastischen Figuren stammt gleichfalls aus der Hand jenes Künstlers. Ins zentrale Blickfeld ist die Figurengruppe der Madonna mit Kind gerückt. Der aufmerksame Betrachter staunt ein wenig, hat er doch wenige Minuten vorher das fast identische Motiv an der benachbarten Kirche Sankt Peter und Paul gesehen. Wir erkennen weiterhin die bekannten Gründungsthemen des Alten Testaments, die Geschichte der Ursünde, die mit der Verführung Adams durch Eva begann, sowie deren Vertreibung aus dem Paradies.
Der Eingang durch das Portal führt in einen der hier typischen Innenhöfe mit Arkaden.
Hier ist das Antiquariat Libreria della Rondine untergebracht, dessen Geschichte uns wieder in die Vergangenheit Asconas bringt. Gegründet wurde die Buchhandlung nach dem Zweiten Weltkrieg von Leo Kok; sie wurde von Künstlern, Intellektuellen, Dorfbewohnern wie Freunden gleichermaßen besucht. Der zurückhaltende Kok galt

bereits zu Lebzeiten als Legende. Der geborene Niederländer begleitete als Pianist die Ausdruckstänzerin Charlotte Bara und komponierte Melodien zum Kamelienfest Locarnos. Als die Nazis während des Zweiten Weltkriegs sein Heimatland überfielen, schloß er sich dem Widerstand an. In Frankreich wurde er von der Gestapo verhaftet. Mit der Häftlingsnummer 42319 verschleppte man ihn in den Block 58 des berüchtigten »Kleinen Lagers« nach Buchenwald, wo man ihm die Finger brach. Leo Kok überlebte das Grauen, kehrte nach dem Krieg nach Ascona zurück und eröffnete in diesem Hause das Antiquariat. Erich Maria Remarque, der sich bereits zu Beginn der 30er Jahre im Tessin niederließ, ist es zu verdanken, daß die Erfahrungen Leo Koks über die unvorstellbare Wirklichkeit des Ortes Buchenwald nicht verlorengingen. In gemeinsamen Gesprächen verarbeitete Remarque die Erlebnisse ehemaliger Häftlinge, wie auch Leo Koks, zu seinem Roman *Der Funke Leben*. Der bekennende Wahltessiner Kok blieb bis zu seinem Tod 1992 mit Ascona verbunden. Hanspeter Manz, der als sein Nachfolger das Antiquariat für einige Jahre übernahm, widmete ihm jene Zeilen in *Sieben Geschichten von der Ars Moriendi*:
»Ganz gezielt hatte der Verstorbene, vor seiner morbiden Endphase, die meisten Habseligkeiten verschenkt, die wenigen wirklichen Präziosen veräussert und alle Schriftstükke, Dokumente oder Fotos, die die wahre Bedeutung seines Lebens bezeugten, verschwinden lassen. (...) Dennoch hatten es jüngere und nicht ganz einflusslose Leute aus der sog. ›Kolonie‹ sowie einige einflussreiche Einheimische insgeheim durchgesetzt, dass dieser Verstorbene sein Ehrengeleit durch ihr Dorf bekam. Da half kein Intrigieren mehr hinter den Kulissen. Mochte sich der ›Aciprete‹ in Gottes Namen still darob bekreuzen, wie weit es mit dem

allgemeinen Unglauben gekommen sei; im Grunde seines Herzens, wusste der recht schlaue und auch lebenskluge ›Don‹ sehr wohl, dass der regelmässige Kniefall des reuenden Messgängers noch längst keinen guten Christenmenschen ausmacht. (...) Also geschah es. Zwei Tage später, gegen elf Uhr morgens, hoben vier stämmige Männer den einfachen Tannensarg auf ihre Schultern.«
Das Antiquariat Libreria della Rondine gibt es weiterhin. Angelika Sowinski führt es seit mehreren Jahren, ohne etwas an der ursprünglichen Einrichtung verändert zu haben. Über mehrere Stockwerke verteilt sich der Fundus an Büchern, darunter auch ein umfangreicher Bestand von Literatur über das Tessin.

Rechts nebenan im selben Haus besaß Wladimir Rosenbaum, den wir bereits im Onsernone-Tal kennengelernt haben, ein kleines Antiquitätengeschäft. Eigentlich war er Jurist, doch seine Berufskarriere endete jäh mit einer politischen Affäre, die ihn das Anwaltspatent kostete. »Eines Tages kam ein sehr schweigsamer Herr zu mir herein, der mir vorschlug, als Treuhänder bei der Lieferung der litauischen Artillerie und von Flugzeugen an die spanische Regierung zu fungieren. Ich weiss bis heute nicht, welche Staatsangehörigkeit der Mann hatte, ich weiß nicht, was seine Muttersprache war, er sprach deutsch, französisch und russisch ohne Akzent, ich weiß nur, dass er sich Antonio Spina nannte. (...) Die Swissair wollte ausser Dienst gestellte Flugzeuge an die spanische Regierung, die gegen Franco kämpfte, verkaufen. Das sollte so getarnt werden, dass die Flugzeuge zum Schein formell an die Air-France verkauft würden«, berichtete Rosenbaum über seine Tätigkeit als Unterhändler in den dreißiger Jahren im spanischen Bürgerkrieg.

Nach einer Haftstrafe kehrte er in das Tessin zurück und ließ sich in der Casa Serodine als Antiquitätenhändler nieder. Er mietete das Haus und begann es für seine Sammlung herzurichten. »Das Haus war völlig verwahrlost, verlottert, in einem nicht benutzbaren Zustande, die Böden stürzten ein, die Decken fielen runter. Ich habe das dann allmählich in Ordnung gebracht.«
Heute ist hier der Sitz der Touristeninformation von Ascona.

Unser Weg führt weiter auf der Uferpromenade entlang, vorbei an den dichtgedrängten Sitzreihen der zahlreichen Restaurants. Es lohnt sich, den Blick auch einmal über die Restauranttische nach oben zu richten, denn hier zeigen sich die stolzen Fassaden der vornehmen Häuser, die der Piazza Giuseppe Motta ihren Glanz geben. Fast am Ende der Flaniermeile, an der Ecke Vicolo dei Ghiriglioni, finden wir linker Hand das ehemalige Wohnhaus von Marianne Werefkin. Ein kleines Schild an der Innenseite des Eingangsbereichs erinnert an die berühmte expressionistische Künstlerin. Nach Ausbruch des Ersten Weltkriegs emigrierte sie von München in die Schweiz und ließ sich schließlich 1918 in Ascona nieder. An ihrer Seite war ihr russischer Kollege und Lebensgefährte Alexej Jawlensky. Der gesundheitlich angeschlagene Künstler hoffte hier am See auf mildes Klima und Linderung. Vor allem der Ausblick vom alten Castello hatte ihn begeistert: »Gleich daneben fing die Campagna an, und diese Campagna war bezaubernd schön wie ein Traum«, schrieb er über seinen neuen Aufenthaltsort in seinen Lebenserinnerungen.
»Ja, ich habe in Ascona sehr viele starke Erlebnisse gehabt, wenn ich abends mit einer Laterne in die Berge ging, um meine Freunde zu besuchen. Man mußte immer an der Ma-

donna Nero vorbeigehen, besonders im Winter, wenn es stockdunkel war und nur ein ganz kleiner Streifen Licht aus meiner Laterne auf die Erde fiel. Ich stand immer vor dieser Madonna, die in einer kleinen Nische einer kleinen Mauer stand. Es war dunkel, es war still, es war unheimlich. Da erinnerte ich mich immer, daß die Einheimischen sagten, daß dort in der Dunkelheit Vampire flögen, und keiner von ihnen ging des Nachts dort vorbei.« Von Marianne von Werefkin stammt eine Tuschzeichnung der Schwarzen Madonna von Ascona, die sich heute in Privatbesitz befindet.

Kein Traum war die gemeinsame Zeit zwischen Werefkin und Jawlensky. Die Schriftstellerin Claire Goll, die sich in jenen Tagen ebenfalls in Ascona aufhielt, schrieb in *Ich verzeihe keinem*: »Das baufällige Schlößchen, das sie in Ascona bewohnten, schallte vom Morgen bis zum Abend von zankenden Stimmen. Eines Tages sollte es soweit kommen, daß der Grandseigneur Jawlensky die Werefkin verstieß und die Köchin heiratete.«

Jawlensky verließ Ascona; Werefkin blieb zeit ihres Lebens hier.

»Seit vier Wochen lebte ich überhaupt ohne Geld – jede Briefmarke auf Pump. – Diese zwei Monate Regen und Kälte, das Holz verduftete – und nun blieb mir die Perspective des Frierens (...). Ich werde eher eine Putzfrau, als dass ich an dem Kunst-Börsen-Unfug teilnehme«, schrieb sie an das mit ihr befreundete Ehepaar Hagmann.

Der Preis für ihren bewußt gewählten Rückzug aus dem kommerziellen Kunstbetrieb war hoch. Die Pension, die sie aus Rußland bezog, hatte sie nach der Oktoberrevolution verloren, und an ihrer ärmlichen Lebenssituation sollte sich seitdem nichts mehr ändern. Manchmal ver-

kaufte sie Plakate oder bemalte Postkarten für Touristen. Das Ehepaar Hagmann unterstützte sie sporadisch mit Bildkäufen oder durch Geldzuweisungen, mit denen sie manchmal ihre Schulden in den Geschäften Locarnos oder Asconas begleichen konnte. Grete Dexel, die Frau des Malers und Graphikers Walter Dexel, blickte zurück:
»Ich habe die Baronessa öfters auf der Piazza gesehen: eine leichte und etwas gebeugte Gestalt, um den Kopf ein Tuch aus irgendeinem Krepp geschlungen, der oben zu einer Schleife gebunden war und nur wenig Haar sehen ließ, das noch braun war. Auf der Brust hingen ihr immer etliche Ketten. An den Füßen, die schmal, aber groß und flach waren, trug sie stets die dunklen, mit Stroh gesohlten Schuhe der Einheimischen. (...) Mit besonderer Vorliebe trug sie Zusammenstellungen gedeckter Rot- und Brauntöne. Allmählich erst kam ich dahinter, daß es sich um uralte, unzählige Male gewaschene und dadurch gebleichte Stoffe handelte, die einstmals kostbar gewesen und deshalb ewig haltbar waren, wenn auch durch langen Gebrauch verzogen und verzipfelt.«
Als sie 1938 starb, folgte ein langer Trauerzug ihrem Sarg durch Ascona. Nach orthodoxem Ritus wurde nur die große Glocke der Kirche geläutet.

Neben Werefkins Haus auf der Uferpromenade stand einst das Castello dei Ghiriglioni, dessen Burgreste in dem Hotelbau, dem heutigen Albergo Castello, noch zu sehen sind. Hier im Tonnengewölbe fanden seit 1937 Aufführungen des Marionettentheaters von Jakob Flach statt, der die Schweizer Vereinigung für Puppenspiel mitbegründete. Das Marionettentheater schrieb in Ascona Geschichte, denn nicht wenige Künstler aus dem Ort wirkten an der Entstehung wie den Aufführungen mit. Mischa Epper beispielsweise schnitzte zahlreiche Puppenköpfe, Richard Seewald gestaltete das Bühnenbild, Fritz Pauli entwarf so manche Dekoration, und Leo Kok begleitete Aufführungen auf dem Klavier. Die kleine Kulturgemeinde Asconas wirkte mit ihren vielfältigen Talenten an der Gestaltung des Theaters mit. Nicht selten improvisierte man in den Innenhöfen der Häuser. Manchmal wurde unter freiem Himmel gespielt »(...) mit einem Ameisengewimmel von Marionettenenthusiasten: Drei Maler schmieren Farbe auf die Kulissen; ein Bildhauer bemüht sich, den von ihm geschnitzten Kopf auf den von einem andern gebastelten Körper zu schrauben; einer versucht auf dem holprigen Pflaster die Sitzbänke geradezustellen; zwei kümmern sich mit heißen Köpfen um die Seele der Puppen, um die Fäden, die die Glieder bewegen sollen (...)«, schrieb Jakob Flach in *Ascona gestern und heute*. Die meisten Stücke stammten aus seiner Feder. Bis 1960 wurde gespielt, dann schloß das Theater seine Tore.

Ein paar Schritte weiter endet die Flaniermeile, und es beginnt die Via Albarelle, die zum Lido führt. Nach ein paar Metern kommen wir zum Museo Epper, das seit 1980 existiert. Eine Stiftung hat sich des Hauses angenommen, die das Erbe des Künstlerpaares Ignaz und Mischa Epper verwaltet. Ignaz Epper, den es bereits 1919 zu einem Sommeraufenthalt nach Ascona zog, gehört zu den bekanntesten Künstlern des Schweizer Expressionismus. Mit seiner Frau ließ er sich 1932 in Ascona nieder. Fünf Jahre später bezogen sie das neue Haus, die Casa Epper. Neben den Werken des Künstlers bietet die Ausstellung auch Einblicke in die spät entdeckten Werke seiner Frau, deren Bilder von ihren psychoanalytischen Erfahrungen mit Carl Gustav Jung beeinflußt sind. Jung, häufiger Gast bei den Eppers, ließ sich hier portraitieren. Die Büste ist im Museum zu sehen.

Es lohnt sich, auf dem Rückweg von der Casa Epper noch einen kleinen Umweg zum Collegio Papio zu machen. Auf direktem Weg erreicht man das ehemalige Kloster von der Piazza über die Via Collegio. Der Renaissancebau ist vor allem wegen des Kreuzganges mit seinen Bogenreihen sehenswert. Am Rande der Anlage steht die Kirche S. Maria della Misericordia. Von 1399 ist die erste Bauphase überliefert. Eine Darstellung der Namensgeberin befindet sich oberhalb des Portals. Man sieht die Jungfrau Maria mit weit ausgebreitetem Mantel. Über die Bedeutung jener Darstellung erzählt eine Legende, die uns André Beerli in *Unbekanntes Tessin* näherbringt:
»Ein Mönch aus dem Orden der Zisterzienser hatte im 13. Jahrhundert eines Tages die Vision der triumphierenden Kirche. Er sah das Paradies mit den Propheten, den Päpsten, den Mönchen aller Orden – ausgenommen des seinigen. Da wagte der Mönch die angstvolle Frage an die Muttergottes, wo denn seine Ordensbrüder hingekommen waren. Die Königin des Himmels schlug ihren weiten Mantel auf, und der Mönch erkannte, in den Falten versteckt, die Zisterzienser, die die Heilige Jungfrau so eng beschirmte, weil sie ihren Herzen am nächsten standen.«
Im Kloster Collegio Papio waren früher Dominikaner ansässig. Heute wird die ehemalige Klosteranlage als Schule genutzt. Wer die Kirche besichtigt, sollte sich auch die Wandmalereien anschauen. An der Süd- und Nordwand gibt es einen sehenswerten Zyklus von Darstellungen des Alten und Neuen Testaments.

Grandiose Bergkulisse an der Uferstraße des Lago Maggiore

Spaziergang von Ronco zum Monte Verità

Porto Ronco · Fontana Martina
Ronco sopra Ascona · Arcegno · Monte Verità · Moscia

Ein kleiner Ausflug führt uns nun auf der Uferstraße bis kurz vor die italienische Grenze. Der Stadtbus bringt uns von Locarno aus über Ascona nach Ronco. An der Haltestelle Porto Ronco, am Seeufer gelegen, steigen wir aus. Wir blicken zurück in das Jahr 1931, als ein deutschsprachiger Literat aus Berlin die Terrasse seines neuen Wohnhauses am Ufer des Lago Maggiore betrat. Erich Maria Remarque verließ Deutschland zu einem Zeitpunkt, als die Verfilmung seines überaus erfolgreichen Buches *Im Westen nichts Neues* sich zu einem handfesten Politikum ausweitete. In Thüringen, dem frühen Experimentierfeld der Nationalsozialisten, verbot die Landesregierung bereits 1930 den Film. Kurze Zeit später wurde er aus den Programmen aller deutschen Kinos gestrichen.

Für 80 000 Schweizer Franken erwarb Remarque das Haus direkt am Seeufer, unterhalb der Uferstraße in Porto Ronco. Die Casa Monte Tabor wurde zu seiner neuen Adresse, hier lebte er mit Unterbrechungen bis zu seinem Tod 1970.

»Keine Luxusvilla war es, wie mancherorts zu lesen ist. Wunderschön gelegen, aber ziemlich klein und, was die Lage der Räume und Badezimmer betrifft, unpraktisch und verquer gebaut. Herrlich der große Kaminraum mit den Bücherregalen, der ausladenden Sitzgarnitur und dem mächtigen Schreibtisch, an dem Remarque arbeitete. An den Wänden hingen Bilder von van Gogh, Cézanne, Degas und Renoir, die Parkettböden waren mit wertvollen al-

ten Teppichen belegt, meist doppelschichtig, weil sie sonst nicht mehr unterzubringen waren. Auf dem Arbeitstisch, in den Regalen und auf den Kommoden sammelten sich die antiken Figuren, Plastiken und Vasen. Welche Frau auch immer bei ihm lebte, sie hatte stets ihr eigenes Schlafzimmer. Das blieb auch so, als Paulette Goddard einzog, die Hausherrin von ›Monte Tabor‹ in Remarques letzten Lebensjahren. Der Lancia stand in der unten an der Uferstraße in den Fels gehauenen Garage. Die Katzen und Hunde gehörten zum Hausinventar. Der Garten, eine grüne Märchenwelt, fiel schmal und steil vom See herab, wo ein kleiner Steg zum Sonnen und Baden lockte und ein Boot lag, das ihn gelegentlich hinüber zu Max Emden auf die ›Isole de Brissago‹ brachte. Sie tranken dort bis zur Morgendämmerung und stritten, wessen van Gogh der schönere sei«, erzählt Remarques Biograph Wilhelm von Sternburg in seinem Buch *Als wäre es alles das letzte Mal.*
Nach dem Zweiten Weltkrieg kehrte Remarque aus den Vereinigten Staaten wieder an den Lago Maggiore zurück. Es war auch die Zeit, in der die unvorstellbaren Bilder aus den Konzentrationslagern die Öffentlichkeit schockierten, die Nürnberger Prozesse stattfanden und sich die Nachkriegsgesellschaft im Schatten der noch jungen Vergangenheit wieder neu organisierte. Remarques Buch *Der Funke Leben* erschien, als die allgemeine Stimmung allmählich wieder optimistischer wurde, und es wurde nicht von allen Teilen der bundesdeutschen Öffentlichkeit begrüßt. Der Roman ist zwischen Fiktion und Realität angesiedelt; sein Handlungsrahmen unverkennbar vor dem Hintergrund eines Konzentrationslagers. Remarque widmete das Buch seiner Schwester, die vom berüchtigten Volksgerichtshof in Berlin wegen sogenannter Wehrkraftzersetzung zum Tode verurteilt wurde. Behilflich bei der Entstehung des

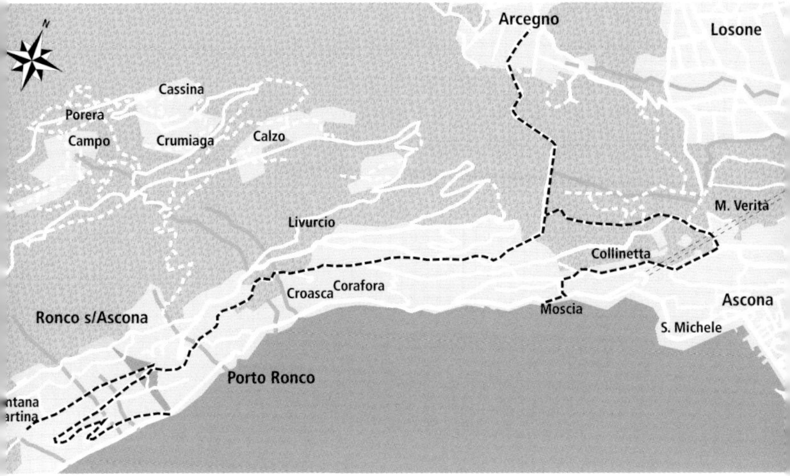

Buches waren Remarque ehemalige Häftlinge, wie auch Leo Kok, der inzwischen als Antiquar nach Ascona zurückgekehrt war. Sie lieferten dem Schriftsteller aus erster Hand Einblicke in jene unvorstellbare Realität. Zum Zeitpunkt der Publikation des Buches vollzog sich in vielen Bereichen der deutschen Gesellschaft die juristische Rehabilitierung zahlreicher NS-Täter sowie die Wiedereingliederung zahlreicher ehemaliger Nationalsozialisten in ihre Berufsfunktionen. Unzählige ehemalige NS-Ärzte, Richter und Staatsanwälte setzten ungebrochen ihre berufliche Karriere fort.

»Für mich gibt es immer was zu tun«, sprach der SS-Mann und Lagerführer Weber in Remarques Buch zu seinem Kommandanten, als sie sich über ihre Zukunft vor dem erwarteten Ende des Konzentrationslagers unterhielten.

»Haben Sie sich einmal reiflich überlegt, welche Wirkung – gerade jetzt eine deutsche Ausgabe in der Schweiz und namentlich in Deutschland haben wird? (...) Wenn wir ›Ein

Funke Leben‹ im Herbst oder selbst im nächsten Frühjahr erscheinen lassen, setzen Sie und wir uns der Gefahr aus, dass eine Flut von Angriffen auf Sie und uns erfolgt, die zu einem Boykott nicht nur dieses Buches, sondern aller Ihrer Werke und unserer Verlage führen wird, wodurch Ihr neues Buch auch jeglicher Wirkung beraubt würde«, schrieb der sichtlich von den Details des Buches überraschte und geschockte Verleger Alfred Scherz nach Durchsicht des Manuskriptes. Der Roman erschien schließlich unter dem Imprint eines anderen Verlages. Remarque selbst schrieb zu jenem Sachverhalt über sich in der dritten Person:

»Es mag von Interesse sein, daß es selbst 1952 für ihn schwer war, einen Verleger in Deutschland zu finden. Selbst das größte Schweizer Verlagshaus, das einen Vertrag für *Der Funke Leben* abgeschlossen hatte, weigerte sich, das Buch nach Fertigstellung zu drucken (...). Als das Buch schließlich herauskam, war die Reaktion zum größten Teil feindselig, vorsichtig und zurückhaltend, – zu einem kleineren Teil wurde das Buch ohne Einwände angenommen. (...) Das Buch verstörte zu dieser Zeit. Der Autor bedauert das nicht. Er hofft, weiterhin auf diese Art ›verstörend‹ zu sein.«

Remarque stellte 1960 einen Antrag auf Wiedergutmachung für die finanziellen Einbußen, die er als Schriftsteller durch die nationalsozialistische Politik erlitt. Mit dem Betrag ließ er seine Terrasse zum Seeufer erweitern. Remarque soll sie die »Wiedergutmachungsterrasse« genannt haben, die man allerdings wohl eher nur vom See aus sehen kann. Das Haus befindet sich unterhalb der Uferstraße in Porto Ronco.

Wenige Jahre vor Remarques Ankunft am Lago Maggiore kam ein anderer ins Tessin: Heinrich Vogeler, Mitbegründer der Worpsweder Künstlerkolonie. Er besuchte im Winter 1928 sowie im Sommer 1929 den Buchdrucker Fritz Jordi im kleinen Bergdorf Fontana Martina oberhalb von Porto Ronco.

»Das verlassene Dorf liegt nahe bei Ascona, auch nahe der italienischen Grenze an dem steilen Berghang über dem Lago Maggiore. Unten am felsigen Uferrand führte die Landstraße hin. Von der Straße aus muß man auf sehr steilen Wegen durch verwilderte Weinberge hochklettern, die jetzt meist für Ziegen sind«, schrieb Vogeler nach seiner Ankunft am See.

Das von Vogeler beschriebene Bild einer urwüchsigen Landschaft gibt es nicht mehr. Unzählige Bauherren haben von ihr Besitz ergriffen und sich ihren Platz hoch über dem See reserviert. Den alten Fußweg nach Fontana Martina, den vielleicht auch Heinrich Vogeler gegangen ist, finden wir an der Uferstraße an der Bushaltestelle in Porto Ronco. Ein steiler Stufenweg, der immer wieder die ausgebaute Serpentinenstraße nach Ronco sopra Ascona kreuzt, führt zu dem kleinen, versteckten Ort. Auch heute stehen hier nicht mehr als eine Handvoll Häuser, die aus Natursteinen gebaut sind. Der Ort besteht aus eng zusammenstehenden Gebäuden mit wild wachsenden Pflanzen, schmalen Treppen und Durchgängen, die die Eingänge miteinander verbinden. Früher gab es am Dorfeingang noch eine kleine Kirche, doch die verschwand mit dem Bau der vielen neuen Einfamilienhäuser sowie der neuen Straße, die kurz vor Fontana Martina endet.

Verlassene Dörfer, wie einst Fontana Martina, besitzen eine seltsame Anziehungskraft für Mythen und Legenden. So wird von einem einstigen Schmugglernest oder von spätmittelalterlichen Piraten berichtet, die von den schmalen Lukenfenstern der Häuser ihre Beute auf dem Wasser ins Visier genommen hätten. Von den früheren Bewohnern berichtete Heinrich Vogeler, daß sie, von der Armut getrieben, ausgewandert seien und den Ort schließlich sich selbst überlassen hätten.

Den Schweizer Buchdrucker Fritz Jordi hatte Vogeler wenige Jahre vorher auf dem Worpsweder Barkenhoff kennengelernt. Hier oben am Rande des Lago Maggiore träumte Jordi davon, das Barkenhoff-Ideal einer Lebens- und Arbeitsgemeinschaft zu verwirklichen. Er kaufte das kleine, verlassene Tessiner Bergdorf 1923 für 18 000 Schweizer Franken und begann mit der Arbeit am verfallenden Dorf. Den inzwischen in Berlin weilenden Künstler lud er Ende der zwanziger Jahre ein, um ihn für das Projekt zu gewinnen.

Heinrich Vogelers Lebenssituation war in jenen Tagen angespannt. Wirtschaftliche Probleme und die Trennung von seiner Frau Sonja belasteten ihn. Politisch geriet der inzwischen überzeugte Kommunist mehr und mehr in den eigenen Reihen ins Abseits. Die KPD schloß ihn 1929 schließlich als Mitglied aus. Vogeler stand vor einem Scheideweg: Nachdem die Kommune Barkenhoff gescheitert war, lebte er rastlos zwischen Worpswede, Berlin und Moskau. Mit den von Jordi erträumten Aussichten auf eine kleine, kollektive Siedlung erwachten noch einmal alte Hoffnungen:

»Das ganze Grundstück mit dem Dorf war für mich ein starkes Erlebnis und trieb mich leidenschaftlich zum Gestalten mit den vorhandenen Resten. Wunschträume stiegen hoch: Man mußte das alte verlassene Dorf zu neuem Leben erwachen lassen. Es mußte eine Stätte der Ruhe werden für Menschen, die im politischen Kampf standen, verfolgt wurden und für eine kurze Zeit Ruhe in diesem abgeschiedenen Erdenwinkel zu gewinnen suchten (...).«

Gemeinsam mit Jordi schleppte der inzwischen 56jährige Steine und andere Baumaterialien in das Dorf, um die maroden Mauern der alten Steinhäuser auszubessern und die verwilderten Terrassen wieder zu kultivieren.
»Gleich begann die Arbeit in Locarno. Einkauf der Röhren, Muffen, Kräne, Werkzeuge, das Mieten eines Lastautos, und schon nachmittags schleppten wir die schweren verzinkten Eisenröhren von der Seestraße unterhalb unseres Dorfes die steilen Weinbergterrassen hinauf. Mir war es nicht möglich, mehr als eine Röhre auf einmal hinaufzubugsieren. Der zähe Fritz bewältigte zwei. (...) Jetzt wurden die Röhren gelegt, die das Wasser des Baches über das Grundstück verteilen sollten. Die Terrassenanlagen bekamen ihren Teil zur Berieselung, die unteren Häuser erhielten an der Durchgangsstraße einen immer laufenden Brunnen, und ganz unten die sonnigen Keller bekamen Duschen. Fritz hatte eine geschickte Hand in der Montierung der ganzen Anlage, und ich war sein Handlanger.«
Vogelers Frau Sonja, die sich zwischenzeitlich wieder an seiner Seite im Tessin befand, forcierte den Konflikt des Künstlers um die Entscheidung seines zukünftigen Lebens. »Ich – oder Fontana Martina«, soll sie ultimativ gefordert haben. Vogeler fügte sich, nach ihren eigenen Überlieferungen: »Sei beruhigt, ich fühle es selbst, meine Kräfte reichen nicht mehr aus, Neuland zu erobern.«
1931 kehrte er nach Berlin zurück. Im Sommer desselben Jahres reiste er, mit den Idealen einer erhofften sozialistischen Gesellschaft im Gepäck, einer ungewissen Zukunft in der Sowjetunion entgegen. Fritz Jordi arbeitete in Fontana Martina weiter, richtete inzwischen eine Druckerwerkstatt ein und gab die gleichnamige Zeitschrift heraus. Ihre publizistische Wirkung war bescheiden. Die Zeitung, die mit einer durchschnittlichen Auflage von 250 Stück er-

schien, bildete das literarische Verbindungsglied zwischen Besuchern, Bekannten und Freunden der kleinen Siedlung. Auch Vogeler schickte noch gelegentlich Artikel, um den Freund zu unterstützen oder ihn zum Weitermachen zu ermuntern. In Moskau erwartete er seine Frau Sonja und seinen Sohn Jan, die schließlich im Frühjahr 1932 kamen. Mit dem Machtantritt der Nationalsozialisten 1933 gab es für Vogeler keine Möglichkeit mehr, nach Deutschland zurückzukehren. Er starb 1942 in der kasachischen Provinz, wohin er während der Belagerung Moskaus durch deutsche Truppen evakuiert worden war.
Spuren des Künstlers Heinrich Vogeler in Fontana Martina sind heute keine mehr zu finden. Eine von ihm gestaltete Wegkapelle ist inzwischen verwittert. Die Fontana Martina blieb auch nach seinem Weggang ein Refugium für politische Flüchtlinge, denen Jordi nach 1933 Unterschlupf anbot. 1938 starb Fritz Jordi, noch keine 53 Jahre alt. Geblieben ist eine kleine, mit Pflanzen bewachsene Oase mit ihren alten Häusern, die noch immer nicht vom Glanz der benachbarten modernen Vorstadtvillen eingeholt ist. Eines der Häuser ist von einem Enkel Fritz Jordis bewohnt.
Wir bleiben noch ein wenig auf den Höhen an den Rändern des Lago Maggiore und folgen der Straße von Fontana Martina nach Ronco sopra Ascona. Die Bauplätze an dieser Seite sind begehrt. Der Weg strotzt mit großartigen Aussichten auf den See, auf dem die Brissago-Inseln mit ihren Bäumen und Pflanzen einen grünen Blickfang bilden. Es lohnt sich, für diesen Ausblick an der Kirche S. Martino eine Pause einzulegen. Im Kirchenschiff kann man zahlreiche Wandmalereien im Chor bewundern. Das Altarbild, auf dem man den heiligen St. Martin erkennt, stammt von Antonio Ciseri, der im 19. Jahrhundert in einem Wohn-

haus an der Piazza zur Welt kam. Eine kleine Inschrift erinnert an den Künstler. Eine der Malereien in der Taufnische stammt von Richard Seewald. Der 1889 geborene Künstler nahm 1913 am »Ersten Deutschen Herbstsalon« in der Galerie Herwarth Waldens in Berlin teil, wo sich die aufstrebenden jungen Künstler des Expressionismus versammelten. Wenige Jahre vorher hatte er die erste von vielen nachfolgenden Reisen ins Tessin unternommen, bevor er sich 1931 endgültig in Ronco niederließ. Seit 1958 lebte er hier in der Casa del Leone. Noch zu Lebzeiten vermachte er seinen Nachlaß einer Stiftung, die heute in seinem ehemaligen Wohnhaus untergebracht ist.

Wir kommen auf eine Weggabelung zu und folgen der Ausschilderung nach Arcegno.

»Ja, ich wohne mit einer Freundin in einer alten Mühle, die schon lange außer Gebrauch ist. Die Miete ist billig, zehn Franken im Monat, denken sie sich, Herr Kommissär, äh ... Herr Studer.« Jene Zeilen stammen von Friedrich Glauser, der in seinen Kriminalromanen den gleichnamigen »Kommissär an der Stadtpolizei Bern« zum Helden machte. Es sind Fragmente für Romanentwürfe, in denen Studer auch im Tessin ermittelte sollte. »Eine Frauenperson, fremder Herkunft scheinbar, denn niemand aus unserem Kreise habe sie identifizieren können, sie sei etwa fünfzig Meter von dem Hause, das ich an der Straße bewohne, die von Arcegno nach Ronco führe, aufgefunden worden ...

(...) seit gestern Mittag haben zwei Polizisten in meiner Mühle ihr Hauptquartier aufgeschlagen, von vier Uhr nachmittags bis zehn Uhr abends ist der Kommissär von Locarno in unserer Küche gehockt und hat mich und meine Freundin gequält: wir müßten doch die Tote kennen, es sei doch klar, daß die Frau *uns* habe besuchen wollen, leugnen nütze da gar nichts, ein Geständnis sei das beste (...). Sei es nicht Eifersucht gewesen?«

Der Fall blieb unaufgeklärt, der Täter unbehelligt, denn das Originalmanuskript von 1937 bricht nach wenigen Seiten ab und ist im literarischen Nachlaß Friedrich Glausers zu lesen. Die Handlung war erfunden, der beschriebene Ort aber authentisch. Hier zwischen Ronco und Arcegno hielt sich der Autor 1920 mit seiner Lebensgefährtin für einige Wochen in einer halbverfallenen Mühle auf:

»Im Erdgeschoß eine riesige Küche, im ersten Stock zwei Zimmer mit den notwendigsten Möbeln. Holz gab es im Überfluß; in der Küche war ein großer, offener Kamin eingebaut. Lange Zeit war die Mühle unbewohnt geblieben. Darum hatten sich die verschiedensten Tiere in ihr einquartiert. Manchmal, wenn wir kochten, kroch unter dem Kamin eine feiste Ringelnatter hervor, sah sich ungnädig im Raume um, schien gegen die Störung protestieren zu wollen und verschwand dann in einer Mauerritze. Wenn ich nachts in die Küche kam, saßen Haselmäuse mit buschigem Schweif auf den Brettern und knabberten Makkaroni. Ihre braunen Augen leuchteten im Kerzenschein«, erzählt Glauser in *Dada, Ascona und andere Erinnerungen.*

1931 gewährte Friedrich Glauser in einer Schweizer Zeitschrift den Lesern nicht nur freimütig Einblick in die Turbulenzen seiner Biographie, sondern vermittelte unter dem Titel *Ascona. Jahrmarkt des Geistes* auch einen Blick in das »Weltdorf«. Während des Ersten Weltkriegs hielt er sich in Zürich im Umkreis der Dada-Gründer um Hugo Ball auf. Wegen »liederlichen und ausschweifenden Lebenswandel« wurde er auf Betreiben seines Vaters 1918 entmündigt, im Sommer desselben Jahres in Genf als Morphi-

umsüchtiger verhaftet und anschließend mit der Diagnose »Dementia Praecox« in die Psychiatrie eingewiesen.
Sein erzwungener Aufenthalt hier währte nicht lange:
»Ich war aus der Heil- und Pflegeanstalt (ein Euphemismus für Irrenanstalt) durchgebrannt. Auf wenig romantische Art. Ich hatte freien Ausgang, es war daher nur nötig gewesen in den Zug zu steigen.«
Nach seiner Flucht lebte er knapp ein Jahr bei Freunden in Ascona, anschließend in der Mühle oberhalb des Ortes, bis er in Bellinzona verhaftet wurde. Seine *Wachtmeister Studer*-Romane werden heute noch verlegt.

Es ist Zeit, daß wir uns mit den Pionieren der Lebensreformer auf dem »Berg der Wahrheit« befassen. Von Arcegno aus gibt es mehrere Wege zum Monte Verità. Eine Straße Richtung Losone führt nach Ascona zurück. Von dort geht ein steinerner Treppenstieg in der Via Borgo hinauf. Oder man geht von Arcegno ein Stück auf der Straße in Richtung Ronco zurück und biegt dann nach wenigen hundert Metern in einen Wanderweg, der uns durch den Wald ans Ziel führt.
»Die Ankunft war etwas unheimlich, alles stockfinster, und man kannte sich nicht aus«, schrieb die Schriftstellerin Franziska zu Reventlow einen Tag nach ihrer Ankunft in Ascona im November 1910. Zunächst bezog sie für eine Nacht ein Zimmer im Albergo Quattrini. Am nächsten Tag stieg sie zu den Kolonisten auf den Monte Verità hinauf, die ihr versprachen, sich um eine Wohnung für sie und ihren Sohn zu bemühen.
In der Villa Monescia hatte sie vorübergehend Erfolg. Alexander Wilhelm de Beauclair, einer der ersten Siedler des legendären vegetarischen Projektes, lebte hier und bot ihr den Anbau seines Hauses als Wohnung an. Über die Grün-

de, der Münchener Boheme den Rücken zu kehren und in das kleine Fischerdorf zu kommen, gab Franziska zu Reventlow in einem Brief selbst freimütig Auskunft:

»Ich bin eigens nach Ascona gekommen, um mich mit einem heruntergekommenen baltischen Baron zu verheiraten. (...) Die Ehe ist natürlich nur als Scheinehe beabsichtigt, keiner hat persönliche Ansprüche an den anderen zu stellen (...)«.

Den Hintergrund für das ungewöhnliche Vorhaben bildete ihre prekäre finanzielle Situation, denn von den Honoraren ihrer Übersetzungen konnte sie nicht überleben. Ein Schuldenberg und der Rat des mit ihr befreundeten Erich Mühsam führten sie schließlich an den Lago Maggiore, wo sich mit jener grotesken Heirat ein Ausweg aus der unsäglichen Misere anbahnte. »Der Vater des Barons Rechenberg habe sich nun ebenfalls in Ascona festgesetzt und möchte gern, daß der Sohn heiratet. (...) darum lasse mich Rechenberg fragen, ob ich nicht eine Frau für ihn wisse, die mit ihm einen Scheinehevertrag eingehen möchte. Sie würde, sobald er die Erbschaft antrete, die Hälfte des Vermögens sofort ausgezahlt erhalten (...)«, klärte Mühsam in *Ascona und Wiedersehen mit Ascona* seine Leser über die Umstände des ungewöhnlichen Vorhabens auf.

Dieser soll schließlich den Kontakt zu Franziska zu Reventlow, die mit ihrem Adelstitel auch die Wünsche des zukünftigen Schwiegervaters bestens erfüllte, hergestellt haben. An den zwiespältigen Ruf des Heiratskandidaten erinnerte sich der Schriftsteller und Biograph Emil Ludwig in *Geschenke des Lebens*:

»Da war der baltische Baron ein anderer Kerl: in der schwersten Betrunkenheit noch Edelmann und gegen seine Waschfrau noch Kavalier. Wenn er, bei Hof erzogen, jetzt auf der Chaussee torkelnd, eine Dame traf, riß er sich im Augenblick zusammen, blieb stehen, machte Front, und verbeugte sich auf eine bezaubernd altertümliche Art, worauf er die Dame aus verglasten Augen anstarrte.«

Im Juni 1911 fand die Trauung in Ronco statt. Auf das erwartete finanzielle Glück mußte Franziska zu Reventlow zunächst noch warten, denn der Schwiegervater zeigte keinerlei Anzeichen gesundheitlicher Schwächen. Sie lebte erst einmal so weiter wie bisher. Zusammen mit ihrem Sohn brachte sie sich mit einigen Auftragsarbeiten und Übersetzungen über die Runden. Mit dem Tod des Schwiegervaters rückte schließlich die Aussicht auf das Testament in greifbare Nähe. Doch die Geschichte war noch nicht zu Ende, und das Finale geriet nun vollends zur Groteske: Der Traum vom großen Geld platzte mit dem Konkurs jener Schweizer Bank, die über das Erbe verfügte.

Sie veröffentlichte in dieser Zeit verschiedene Erzählungen wie beispielsweise den Roman *Geldkomplex*, den sie ihren Gläubigern widmete. Der Roman, der 1916 erschien, enthält zahlreiche autobiographische Spuren:

»Balaliloff kam neulich an einem ungewöhnlich heißen Vormittag auf die Terrasse und forderte uns auf, ihn nach N. zu begleiten. Das ist ein Bergnest hier in der Nähe, wo die Trauung stattfinden soll. In der Stadt wäre es viel einfacher gewesen, aber das war ihm nicht einzureden. Er mache dort zuviel Aufsehen, schon weil er im Sanatorium wohne – kurz, es ist ein Komplex von ihm. (...) Um das Bergnest zu erreichen, muß man eine gute Stunde steigen, eine weitere pflegt zu vergehen, bis man den Bürgermeister in seinen Weinbergen aufgestöbert hat und er endlich mit der Sichel in der Hand erscheint, dann noch eine halbe, bis seine Frau den Schlüssel zur Amtsstube gefunden hat.«

Nicht ohne Selbstironie schloß die Autorin die Geschichte,

die, mit dem Bankrott der Bank sowie dem abrupten Ende ihrer Träume, einem bizarren Finale entgegensteuerte: »Ich gehöre jetzt selbst zu den Gläubigern – der verkrachten Bank natürlich – und das gibt dem Geld gegenüber einen ganz anderen Gesichtspunkt. Wer weiß, ob es mich nicht doch noch respektieren lernt, wie es eben nur Gläubiger respektiert, und auf ebenso unwahrscheinliche Weise wiederkehrt, wie es sich verabschiedet hat.«

1918 erlitt Franziska zu Reventlow bei einem Sturz vom Fahrrad so schwere Verletzungen, daß sie während der darauffolgenden Operation starb. Am 27. Juli fand sich ein kleiner Kreis von Freunden ein, um sich auf dem Friedhof von Locarno-St. Antonio von ihr zu verabschieden. Ein kleiner Marmorstein mit der Aufschrift »Contessa Francesca Reventlow« blieb als Erinnerung.

Ein paar Schritte oberhalb der Villa Monescia, die sich heute Villa Amicitia nennt, befindet sich das Ausstellungsgebäude zum Monte Verità, die Casa Anatta. Über die Gründer des »Berges der Wahrheit« und des Projektes ist viel geschrieben worden. Die Ausstellung, seinerzeit von Harald Szeemann initiiert, wurde hier 1978 erstmals gezeigt und ist nach wie vor das museale Kernstück der Geschichte auf dem Hügel. Zu sehen ist sie immer noch in der Casa Anatta, einem der erhaltenen Häuser der Lebensreformer, die sich im Jahre 1900 hier in Ascona einfanden.

Ein Blick in die Vorgeschichte: Henri Oedenkoven, Sohn eines belgischen Industriellen, seine Lebensgefährtin Ida Hofmann sowie ein paar Freunde machten sich auf den Weg, in Oberitalien den Ort ihrer zivilisationsmüden Sehnsüchte zu finden. Hier, oberhalb von Ascona, wurden sie schließlich nach einigen Wochen der Suche fündig. Die

Siedler gerieten im Angesicht einer grandiosen Aussicht und Lage ins Schwärmen:
»Auf einem Hügel von 350 Metern absoluter Höhe und 150 Meter über dem Lago Maggiore, im Mittelpunkt dreier Täler gelegen und im weiteren Umkreis von schneebedeckten Bergen umkränzt, ferne dem höllischen Getriebe und den Übelständen der Städte, bietet der Monte Verità dem entzückten Beschauer den Anblick eines großartigen und vielseitigen Panoramas (...).«
Damit war ausgesprochen, wovon man träumte: Ein Eldorado fern der verhaßten Urbanität sollte es sein, denn die Stadt schien die Wurzel allen Übels. Man phantasierte vom naturverbundenen Leben und begann mit streng veganischer Ernährung. Sie lebten zunächst nur von Nüssen und Früchten, die sie später von selbst gepflanzten Obstbäumen ernteten; tierische Lebensmittel wie Milch, Eier oder Käse waren verpönt. Die einzige Kuh soll unglücklicherweise nach dem Verzehr von Kernseife gestorben sein, so berichtete jedenfalls Robert Landmann in *Ascona. Monte Verità.*

Die Bewohner verrichteten ihre Gartenarbeit nackt und nannten ihre Tätigkeiten »Luftbäder«. Sie wohnten in sogenannten »Lufthütten«, die als kärgliche Ein-Raum-Häuser selbst zusammengezimmert wurden. Oedenkoven verlieh dem Berg schließlich den weihevollen Namen »Monte Verità«, mit den Aussichten auf einen Kurbetrieb für gesundheitsbewußte Gäste.
Gemeinsam mit seiner Frau Ida Hofmann bildete er über Jahre das Zentrum des Projektes, gab ihm die ideelle Gestalt sowie die nötigen finanziellen Mittel. Ida Hofmann betrieb die Öffentlichkeitsarbeit, publizierte im Selbstverlag die *Blätter zur Verbreitung vegetarischer Lebenswei-*

se und hoffte damit auf neue Anhänger sowie Kurgäste. Nicht nur auf Gesundheit bedachte Besucher kamen, sondern auch Zaungäste, die gern einmal einen Blick auf das nackte Treiben jener geheimnisumwitterten Siedler werfen wollten. Oedenkoven zeigte Geschäftsgeist und nahm Eintrittsgelder für das Betreten des Geländes, wo die Besucher freie Sicht auf die »Luftbadenden« erhielten.

Adolf Arthur Grohmann, einer der Pioniere der »ersten Stunde«, veröffentlichte 1903 eine Broschüre mit dem Titel *Die Vegetarier-Ansiedlung in Ascona*, in der es heißt:

»Die Kleidung der Männer besteht meist in Kniehosen, Hemd und Überwurf oder Bluse, Sandalen und statt einem Hute einem Stirnband zum Zusammenhalten des langen Haares. Diese Kleidung war es, was zuerst das allgemeine Erstaunen erregte, und noch heute bekreuzigen sich mit einem Maria Santissima gelegentlich ältere Bauernweiber aus den umliegenden Gebirgsdörfern, wenn ihnen die Vegetarier auf der Landstraße zum ersten Mal begegnen. (...) Es ist vorgekommen, dass einige der Extremeren im blossen Leinenkittel ins Dorf oder in die Stadt Locarno gingen. Die Polizei hat ihnen das verboten, mit ihnen über den Begriff Decenz debattirt und bei verschiedenen Gelegenheiten angedeutet, was sie als zulässiges Minimum an Bekleidung ansieht.«

Grohmann lebte um 1902 selbst für mehrere Monate als Beobachter auf dem Berg. Er verbreitete die Ideen der »Naturmenschen« in der Öffentlichkeit.

Ein buntes Spektrum von Vegetariern, Theosophen, Lebenskünstlern, Anarchisten, Aussteigern und Schriftstellern fand sich im Laufe der Jahre ein; die Namensliste ist eindrucksvoll. Hermann Hesse gehörte zu den Gästen ebenso wie Erich Mühsam, den es bereits 1905 auf den Berg zog. In *Ascona. Eine Broschüre* bilanzierte er seine Er-

fahrungen: »Geschmeckt hat mir persönlich die Rohkost, die dem Hungrigen dort vorgesetzt wird, stets vorzüglich.« Allerdings spart er auch nicht mit kritisch-ironischen Betrachtungen: Von »ethischen Wegelagerern mit ihren spiritistischen, theosophischen, okkultistischen und potenziert vegetarischen Sparren« ist in seiner Schrift zu lesen.
»Wer je in Vereinigungen irgendwie absonderlicher Prägung hineingerochen hat, weiss was ich meine, kennt die schmachtäugigen Blassgesichter, die von morgens früh bis abends spät nur beflissen sind, in untadeligem Lebenswandel Leib und Seele im Gleichgewicht zu halten.«
Der heutige Besucher auf dem Monte Verità begegnet noch zahlreichen Spuren des Projektes. Rechts von der Casa Anatta entlang des Fußweges stehen noch ein paar Holzhütten. Hinter dem Tennisplatz stoßen wir auf die noch vorhandenen Duschen sowie die bereits etwas angerostete Reckstange.
Der Weg durch das Gelände führt noch weiter nach oben, wo wir ein großes, weißes Gebäude mit Flachdach erreichen. Das Hotel Monte Verità wurde Ende der zwanziger Jahre gebaut und markierte das Ende der Lebensreform. Der Name blieb, aber die neuen Hotelgäste kamen aus anderen Milieus. Zu diesem Zeitpunkt hatten Oedenkoven und seine Lebensgefährtin bereits aufgegeben und das Terrain samt Immobilien verkauft. 1926 fand sich mit dem Bankier Eduard von der Heydt ein Käufer, der sich als neuer Besitzer mit dem Bau des neuen Hotels einführte. Die Gäste kamen nun nicht mehr in Leinengewändern, langen Haaren oder Bärten, sondern in der Noblesse der neuen Zeit und führten Extravaganz in den Hotelbetrieb ein. Luftbäder gab es weiterhin, aber in sportlichen Shorts und mit Sonnenbrillen auf den dafür vorgesehenen Erholungsterrassen.

Eduard von der Heydt war sowohl in internationalen Bankierskreisen als auch in Künstlerkreisen kein Unbekannter. Zu den Gästen von der Heydts gehörte auch Oskar Schlemmer, der ihm mit einem Besuch im Spätsommer 1927 die Referenz erwies:

»Ich lernte den Berge von Land besitzenden Baron von der Heydt kennen, den Bankier der Hohenzollern, der eine sehr schöne Sammlung Plastiken besitzt: Negermasken, Buddhistisches aus Bali, Archaisches – Hellenistisches, China, Japan. Auch einen Munch, einen frühen Gauguin und einen ganz frühen van Gogh, fast akademisches Stilleben, Krüglein-Äpfel. Und in seinem Schlafzimmer hängen neun Zeichnungen von Seurat, zum Teil sehr schön, besonders eine, eine Art Vorstudie zu ›Chahut‹.«

Emil Fahrenkamp, der später zu den gefragten Architekten in Deutschland aufstieg, bekam den Auftrag, das noble Hotel zu bauen. Sein Entwurf, der mit Eisengeländern sowie Fensterbändern an die Eleganz früherer Passagierdampfer erinnert, sollte offensichtlich den Anschluß an die junge klassische Moderne herstellen und fiel entsprechend nüchtern aus. Heute befindet sich hier ein Seminarzentrum, das von einer Stiftung verwaltet wird, an der auch der Kanton Tessin wie die Gemeinde Ascona beteiligt sind. Tagungen, Konferenzen wie auch Veranstaltungen zur Geschichte des Berges werden hier veranstaltet.

Vom Monte Verità gehen wir die Strada Collinetta weiter in Richtung Moscia, vorbei an der Casa di Curo, einer anthroposophischen Seniorenresidenz. Die waldreiche Straße führt uns vorbei an vornehmen Villen und ihren Gärten. Manche Villen sind von ihren Architekten so geschickt in die Berghänge hineingebaut, daß man sie von der Straße aus gar nicht mehr sieht. Nicht selten führen kleine Privatstraßen zu den versteckten Palazzi unserer Zeit. An der Strada Collinetta 73 befindet sich das Haus einer der bekanntesten Unternehmerdynastien in Deutschland zur Zeit der Weimarer Republik. Clemens Oppenheimer stammte aus jener Familie, die mit Adler & Oppenheimer zu den größten Lederfabrikanten in Deutschland aufstieg. Der staatlich organisierte Antisemitismus nach 1933 veranlaßte ihn zur Flucht in die Schweiz. Ascona wurde schließlich zur neuen Heimat Oppenheimers. Mit dem Bau des Hauses beauftragte er Carl Weidemeyer.

»Es ging darum, für die Villa Chiara, das helle Haus, den Platz aus dem Fels zu sprengen und den Garten, unter Betonung gewisser Schwerpunkte, unverändert zu erhalten. Dies galt speziell für die schon damals prächtigen Palmen und Zypressen, die dem Garten einen ausgesprochenen italienischen Charakter gaben. Anstelle der Felsen wurden eine große obere Terrasse und eine kleine untere Pergola geplant, während die aus der Sprengung gewonnenen Granitsteine für eine große Stützmauer zwischen den Ebenen sowie für das Haus selbst zu dienen hatten. Dadurch entstand die optische Illusion, als befände man sich auf der oberen Terrasse direkt am See. Es wurden an den äußeren Hauswänden statt Ecken Rundungen vorgesehen, durch welche der Architekt den modernen Bau zusätzlich mit der Landschaft verbinden wollte. Im Inneren gab es vorbildliche, zum Teil pionierhafte Neuerungen, so zum Beispiel die Aluminiumrahmen der großen Schiebefenster und Türen, die damals erstmals auf den Markt kamen«, schrieb Clemens' Sohn Wolfgang Oppenheimer in seinem Buch *Das Refugium*.

Manche der frühen Ankömmlinge zu Beginn des 20. Jahrhunderts lebten zunächst in ganz bescheidenen Behausungen, wie der Schriftsteller und Goethe-Biograph Emil Ludwig, der bereits 1906 in Moscia eine kleine Steinhütte erwarb. Die Via Ludwig, wo sich sein Wohnhaus befand, führt von der Via Collinetta auf der rechten Seite weiter zur Seeseite hinauf.

»Hier, wo es einige Jahre vorher jene schweifende Malerin entdeckt hatte, zu der ihr Freund, der Bildhauer, uns gewiesen, war es der letzte von einer Reihe von Viehställen, die noch auf einem Drittel Höhe des Berges zusammenstanden«, erinnerte sich Ludwig in *Geschenke des Lebens* 1931.

Noch war der Hang an dieser Seite des Sees kaum besiedelt, die Uferstraße verlief weiter unterhalb, und der einzige Pfad zum Grundstück war nur den Bauern aus der Umgebung bekannt. »In die steinerne Hütte hatten wir alles geschleppt, was aus dem romantischen Schloß am Meer darin Platz haben konnte, und alles war den stolprigen Fußpfad hinangetragen worden. Wenn hier ein Wanderer den Weg über die Schlucht gefunden und an einem Wintermorgen vier Männer die untere Hälfte eines steinernen Narcissus über Stock und Stein hätte tragen sehen (...) wer den alten Bischofsstuhl von San Gregorio mit dem geflügelten Genius über die Schlucht schwanken sah, jeden Augenblick in Gefahr, durch Übergewicht herunterstürzend zu zerschellen, der mochte auf wunderliche Zurüstungen zu geheimen Waldmysterien schließen.«

Aus der kleinen Steinhütte wurde mit der Zeit ein stolzes Anwesen mit kleinem Tennisplatz, Sekretärin, Kinderfrau, Gärtner und mehreren Hunden. Ein weitläufiger Garten mit Kamelienbäumen, Zypressen und Kastanien schloß sich an. 1931 war Gerhart Hauptmann zu Gast bei Emil Ludwig in der Villa Moscia und bestaunte die Exklusivität:

»Venezianische Gläserformen zierten den Tisch. Man wur-

de an Veronese erinnert. Auch die Windspiele fehlten nicht. Unter dem Baldachin saß mit uns der oberste Leiter des preußischen Staats und, außer Ludwig und mir, ein Herr von der Heydt. Man sieht bekanntlich polare Gedanken nicht, aber man konnte sie knistern hören.«
Uns zieht es wieder zum See hinunter. Wir folgen der Hauptstraße, die uns an die Uferstraße bringt. Ein wenig Aufmerksamkeit ist hier gefragt. Links rasen die Autos aus dem Verkehrstunnel von Ascona Richtung Italien heraus. Wer per pedes zum Ort der ehemaligen Eranos-Tagungen will, muß leider den unliebsamen Autoverkehr in Kauf nehmen. Das bedeutet für Fußgänger, sich eng an die Leitplanken zu halten; denn zwischen See und Felsen gibt es über weite Strecken keine Fußwege. Nach knapp zehn Minuten erreichen wir auf der linken Straßenseite die Casa Gabriella, die direkt in das Seeufer hineingebaut ist.
»Die Eranos-Tagungen haben sich das Ziel einer Vermittlung zwischen Ost und West gesetzt. Die Aufgabe dieser Vermittlung, und die Notwendigkeit eine Stätte zu schaffen zur Förderung einer solchen Verständigung auf geistigen Gebieten, ist immer deutlicher geworden, und so entstand vor einigen Jahren der in einem Garten am Lago Maggiore gelegene Vortragssaal. (...) Es handelt sich nicht um die Nachahmung östlicher Methoden und Lehren an sich, noch um die Vernachlässigung oder Verdrängung westlichen Wissens um diese Dinge, sondern darum, daß östliche Weisheit, Symbolik und Methodik uns zu einer Wiederentdeckung unserer eigensten geistigen Werte verhelfen können«, schrieb Olga Froebe-Kapteyn in das Vorwort der ersten Ausgabe des Eranos-Jahrbuchs 1933. Es war das Gründungsjahr, das die Verfasserin der Zeilen durch den Kauf der Casa Gabriella und den Anbau eines Vortragssaals selbst vorbereitet hatte. Sie war die Initiatorin jener

Tagungen, die sich über Jahre als Institution etablieren sollten.

Fünfzehn Vorträge standen 1933 auf dem Programm der ersten Zusammenkunft, die fast zwei Wochen dauerte. Die Beiträge bezogen sich auf das rationalistische Denken des modernen Europa in Beziehung zum philosophischen und religiösen Weltbild des Ostens. Themen waren darunter wie »Zur Bedeutung des indischen Tantra-Yoga« oder »Religiöse Übungen in Indien und der religiöse Mensch«. Auch Carl Gustav Jung, der über lange Zeit zu den häufigsten Gästen des Kreises gehörte, trat als Redner auf. Während der ersten Jahre wohnte er in der Casa Semiramis auf dem Monte Verità. Oft dauerten die Gespräche bis spät in die Nacht, und Jung verließ er die Tagungen erst am frühen Morgen zu Fuß. Später stellte Frau Froebe-Kapteyn ihm die Wohnung in der Casa Eranos zur Verfügung.

»Es war Rudolf Otto, der den Namen Eranos vorschlug. Eranos bedeutete im alten Griechenland ein Gastmahl, bei dem sich der Geladene durch eine geistige Gabe der Einladung als würdig erwies. Die Gaben bestanden aus Liedern, einem Gedicht oder einer improvisierten Rede. In dieser antiken Tradition stehen unsere Tagungen: jeder Gast am runden Tisch steuert eine Gabe bei, und so hebt auch der Name Eranos auf seine Weise ihren archetypischen Charakter hervor«, erinnerte sich Aniela Jaffé an die Ursprünge der Treffen im *Eranos-Jahrbuch 1975*.

»Ganz am Anfang von Eranos (...) sei Jung einmal in der Casa Gabriella zum Nachtessen erschienen, habe auf den Tisch gedeutet und gesagt: ›Das ist wirkliche Eranos‹; (...) und über eine Photographie des runden Tisches schrieb Henry Corbin: ›Man sieht auf der Photographie zunächst nur unsre Tafelrunde. Aber niemand ist da. Die Sessel rings um den Tisch stehen leer. Ein verhaltenes Tageslicht, gedämpft durch die Zweige der grossen Zeder, erhellt die Einsamkeit, wie ein Sonnenstrahl durch ein Kirchenfenster.‹ Als Jung dieses Bild sah, auf dem ja niemand sichtbar gegenwärtig ist, bemerkte er spontan: ›Das Bild ist vollkommen. Sie sind alle da.‹«

Heute macht der Ort einen etwas verwaisten Eindruck. Ein Stein im Garten, 1936 aufgestellt und von den Teilnehmern als »unbekannter Geist des Ortes« benannt, erinnert an die einstigen Zusammenkünfte. Die Eranos-Tagungen gibt es noch heute. Im Jahr 2005 fanden sie im Collegio Papio in Ascona statt. Unser Weg führt uns nun an der Uferstraße wieder zurück nach Ascona.

Die Brissago-Inseln

Schiffsfahrt zu den Brissago-Inseln und nach Brissago

Keinesfalls versäumen sollte man eine Ausflugsfahrt auf dem See. Schweizer und italienische Reedereien bieten solche Fahrten an der Uferpromenade von Locarno täglich an. Wir besteigen eines der Schiffe, die Kurs auch auf die kleinen Dörfer entlang des Sees nehmen. Die Brissago-Inseln sind unser Ziel. Das Schiff bringt uns erst einmal auf die gegenüberliegende Seite nach Magadino. Hier sind wir an den Hängen des Gambarogno und der Bergscheide zum Sottoceneri um Lugano. Der berühmte Fußgänger Johann Gottfried Seume hat auf seinem *Spaziergang nach Syrakus* ebenfalls in Magadino haltgemacht. Die Rückreise führte ihn über Mailand, zum Lago Maggiore und schließlich über den Gotthard. Als er in Magadino ankam, sprach er erleichtert: »Nun bin ich bei den Helvetiern und fast wieder im deutschen Vaterland (...)« und versäumte nicht, seinen Lesern etwas über die Unterschiede zwischen Italien und dem Tessin zu erzählen:

»Die Fruchtbarkeit an dem See ist hier zuweilen außerordentlich groß, und wo die Gegend vor den rauhen Winden geschützt wird, findet man hier Früchte, die man in der ganzen Lombardei umsonst sucht. Man sieht noch recht schöne Ölbäume, die man diesseits der Apennien nur selten findet, und sogar indische Feigen in der freien Luft. Ich schlief am Ende des Sees in Magadino, wo der obere Tessin hineinfällt, in einem leidlichen Hause, schon zwischen den rauhen Bergen. Den anderen Morgen trat ich den Gang an dem Fluß hinauf über Bellinzona an, der mich an einigen Tagen über den Gotthard hinüberbrachte.«

Etwa fünfzig Jahre später wurde an diesem Ufer eines der

ersten Hotels des Lago Maggiore erbaut. Das »Grand Hôtel du Bateau á Vapeur« stand direkt an einem Landungssteg des Sees und erwartete die ersten Sommerfrischler. Im Jahr 1916 erinnerte sich Emmy Ball-Hennings an den Spaziergänger nach Syrakus und verbrachte mit Hugo Ball ein paar Wochen im Tessin.

»Wir fuhren eigentlich des hübschen Namens wegen hierher und weil der Dichter Seume, den ich als Kind schon sehr geliebt habe, auf seinen Wanderungen das süße, kleine Magadino einmal berührt hat.«

Überstürzt waren sie aus Zürich abgereist, um für einige Zeit dem Dada-Spektakel zu entgehen, das Ball kurze Zeit vorher entfacht hatte. Es war die erste von mehreren Reisen, die sie ins Tessin unternahmen. Fast befreit klangen Hugo Balls Worte bei der Ankunft in Magadino: »Wir landeten hier, von Locarno kommend, wie Robinson an seiner Papageieninsel. Diese ganze unberührte Landschaft – quanto è bella! Stahlblaue Berge über Rosengärten. Kleine Inseln, die im Frühlicht schimmern. Unsere Koffer standen auf dem Kies in der Sonne. Allmählich nur fanden sich einige neugierige Kinder und Fischer ein, die uns ins Dorf hinaufführten.«

Gemeinsam mit Emmy Hennings' Tochter Annemarie kamen sie zu dritt in einem kleinen Gasthof im Dorf unter. Direkt vor ihrem Haus öffnete sich der See. Man badete, machte Bootsfahrten oder Spaziergänge im Garten. Eine kleine Familienidylle, jenseits des aufgeregten Lebens der Züricher Boheme, schien hier am Seeufer Wirklichkeit zu werden. »Mondgänge« nannte Emmy Ball-Hennings die gemeinsamen Spaziergänge in den Abendstunden, in denen sie sich zu dritt, Arm in Arm, mit dem dunklen Himmel anfreundeten:

»Laß uns gehen wie der Mond
Durch die große Stube,
Denn in diesem Hause wohnt
Der geblümte Bube

Blau und weiß und schwarz geblümt
Schaut er durch das Fenster,
Mit der langen Bogenhand
Streicht er die Gespenster.
(...)«

Das entspannte Leben war nicht von langer Dauer. Nach kurzer Zeit folgte ein Aufenthalt in Ascona und schließlich die erneute Rückkehr nach Zürich, wo die Mitstreiter von Dada bereits auf Hugo Ball warteten.

Unser Schiff, das längst wieder abgelegt hat, bewegt sich im gewohnt ruhigen Wellenschlag des Sees. Johann Heinrich Meyer, Künstler und Kunstsachverständiger an der Seite Goethes in Weimar, erlebte hier im Jahr 1789 auf seiner Reise nach Oberitalien mit einem gemieteten Boot eine böse Überraschung. Von Magadino aus ließ er sich, gemeinsam mit seinen Reisefreunden, auf den See rudern und geriet in ein Unwetter. In *Malerische Reise in die italienische Schweiz* erfreut er seine Leser mit einer überaus dramatischen Erzählweise, die eher an eine Schiffshavarie auf ozeanischen Gewässern erinnert:
»Mit Gewitterwolken überzog sich immer dunkler der Himmel, stärker heulte der Sturmwind, höher erhoben sich die Wellen. Welch ein Anblik rings um uns her! Ueber und unter dem wankenden Schiffgen nichts als Sturm der Elemente; vor unserm Aug' ein hohes Felsenkap, das kahl aus den Fluten sich emporhob; auf dem Fels ein Kreuz,

als Denkmal hier gescheiterter Schiffe! (...). Helden gleich fochten die Schiffleute, und wer sonst noch ans Ruder stehen konnte, mit der empörten Flut. Wenn der Anblik des schäumenden Sees, der hohen unerklimmbaren Felswände, wenn der rollende Donner und der heulende Sturmwind, der die Haare ihrer Häupter wild umherschlug, sie schrekte, dann riefen sie sich und uns durch das ermunternde: *Allegro!* neuen Muth ein. Jede daherrauschende Woge drohte indess das hin und her wankende Schiff am Felsen zu zerschmettern (...).«

Wie aus dem Nichts erschien der kleine Hafen von Macagno, der sich auf der italienischen Seite befindet, in Sichtweite: »Wir erblikten ein kleines Seeport und eine Wohnung daneben. Jetzt erwachte neu die gesunkene Hoffnung, die ermattenden Kräfte fühlten sich gestärkt. Wir wurden gerettet.«

Nach solchen dramatischen Schilderungen sind wir froh, die Brissago-Inseln vor uns zu sehen. Wir schauen auf die einzige Inselgruppe des Lago Maggiore auf Schweizer Territorium: Die kleine, Besuchern nicht zugängliche Isolino steht ein wenig im Schatten der größeren Schwester, der Isola Grande, die sich aber auch nur mit einer Fläche von 2,5 Hektar begnügen muß. Dennoch wird die Insel in der Saison von April bis Oktober von Besuchern regelrecht überschwemmt. Der Grund für die Besucherströme ist der botanische Garten mit seinen über 1500 tropischen und subtropischen Pflanzen. Zudem hat die Inselgruppe ein besonders niedriges Höhenniveau, was im Land der Berge an sich schon bemerkenswert ist. Diese bilden den Horizont für ein wunderschönes 360-Grad-Panorama, in dessen Mitte der Betrachter steht und genießt. Der Blick über das Wasser führt zu der hier unsichtbaren Grenze nach Italien.

Bis weit in das 19. Jahrhundert waren beide Inseln unbewohnt. In den siebziger Jahren jenes Jahrhunderts rückten sie für kurze Zeit in das besondere Blickfeld ehrgeiziger Unternehmer, die eine Sprengstoffabrik errichten wollten. Für die Arbeiten am gigantischen Projekt des Gotthard-Tunnels benötigte man Sprengmittel, für deren Produktionsorte die Gemeinden nicht unbedingt Schlange standen. Bereits 1874 explodierte in der Nähe von Ascona eine Vorgängerfabrik, wenige Monate später die Nachfolgefirma. Den Schaden hatte das Dorf, und die Firma beschloß, sich vom Festland fernzuhalten. Nun suchte man weiter südlich, kurz vor der italienischen Grenze nach einem Standort. Ausgerechnet die Brissago-Inseln kamen nun ins Visier der Planer. Die Unglücksfälle waren jedoch auch hier bekannt, und die umliegenden Gemeinden verspürten wenig Interesse, sich jene hochexplosive Mischung in die Nachbarschaft zu holen. Erfolgreich setzte man sich schließlich zur Wehr. »Die Angelegenheit war zu einer eidgenössischen geworden und man kann nicht sagen: ›Tant de bruit pour une omelette‹, denn rasch nacheinander waren schon mehrere Explosionen der Art, bei denen Menschenleben zu Grunde gingen, vorgekommen (...)«, wußte Eduard Osenbrüggen in *Der Gotthard und das Tessin mit den oberitalienischen Seen* 1877 darüber zu berichten.
Zum Leben erwachte die Isola Grande erst wieder im Jahr 1895, als der Ire Richard Fleming Saint-Léger und seine Frau Antonietta das kleine Eiland betraten. Der Parco Botanico ist ihr Werk. Sie erwarben die Inselgruppe für 15 000 Schweizer Franken. Großzügig spendierte der wohlhabende Ire seiner Frau viel Geld für den Kauf exotischer Pflanzen, darunter zahlreiche Eukalyptus-Bäume und unterschiedlichste Sorten von Palmen, die die Insel bald in eine botanische Oase der besonderen Art verwandelten.

Das plötzliche Verschwinden ihres Mannes wenige Jahre später tat den Aktivitäten der Baronin zunächst keinen Abbruch. Zahlreiche Gäste kamen, um das Pflanzenparadies in Augenschein zu nehmen. Sie schrieb Fachartikel über die Vegetation ihres Gartens, und die botanisch interessierte Fachwelt nahm Notiz von der Inselflora. Antonietta Saint-Léger lebte jahrelang zurückgezogen in ihrem kleinen Mikrokosmos, umringt von einer Welt von Pflanzen sowie einem kleinen Hofstaat von Köchinnen, Dienern, Gärtnern und Boten. Der aufwendige Lebensstil zehrte allerdings am Wohlstand der Dame. Legenden und Anekdoten rankten sich um die mit der Zeit sich immer wunderlicher zeigende Baronin, die ungebetene Gäste auch manchmal mit ihrem Gewehr oder ihren scharfen Hunden am Betreten der Insel hinderte. Einen Revolver, den sie einst in Minusio ersteigert haben soll, hätte sie stets bei sich getragen. Um zu überleben, bastelte sie Puppen aus Pappe und Klebstoff, die zum Verkauf nach England verschifft wurden. Dort angekommen, war ihre Ware nur noch ein zusammengefallener breiiger Rest, wie Giuseppe Mondada in seiner Chronik *Die Brissago-Inseln in Vergangenheit und Gegenwart* erzählte.
Auch einige uns bekannte Persönlichkeiten des literarischen Lebens machten die Bekanntschaft mit der kapriziösen Baronin. So der Kunstsammler und Mäzen Harry Graf Kessler, der im März 1920 im Tessin weilte und auf ein Visum für Italien wartete. Der geheimnisumwitterten »Circe«, wie er die Herrin der kleinen Insel in seinen Tagebüchern nannte, stattete er einen Besuch ab. Genauer gesagt, galt sein Interesse vor allem dem Garten, der ihn sichtlich beeindruckte: »Ich kenne außer Sanssouci keinen so geistigen, einen einzigen Menschen ausdrückenden Garten«, schrieb er am 12. April 1920 in seine *Tagebücher*.

Als Kessler die Insel betrat, begegnete ihm zunächst der Gärtner, der ihm die Eintrittskarten abnahm. Dann stand, auch wohl eher zufällig, wie der Graf berichtete, die Baronin vor ihm. Auf dem Arm trug sie eine ihrer selbst angefertigten Puppen.

»Sie behandelte die Puppe ganz wie ein Kind, sprach mit ihr, ließ sie vor uns schöntun und führte uns, als wir unsere Bewunderung ausdrückten, ins Haus, wo auf einem Sofa eine ganze Reihe ebenso lebenswirkliche kleine Mädchen und Knaben in phantasievollen Kostümen und leuchtenden Puppenaugen nebeneinander saßen: man hätte meinen können, eine Kindergesellschaft. Sie nahm jedes einzelne kleine Wesen auf den Arm, stellte es vor, ließ sie Bewegungen und Verbeugungen machen; es schien ihre Welt. Die alte Frau, die energisch und hässlich, mit diesen etwas süßlich lächelnden Puppen im Arm vor uns stand, schien wirklich wie eine Zauberin (...).«

Zahlreiche Legenden woben sich um die Insel, deren exzentrische Herrin ein dankbares Objekt für bizarre Phantasien aller Art abgab. Davon ließ sich auch Rainer Maria Rilke beeindrucken, der während seines Besuches in Locarno im Winter 1919/20 über die Baronin mutmaßte, daß sie »(...) jedes dritte Jahr einen ihrer Männer begraben ließ, jeden mit einer lakonischen Inschrift (...)«.

Ganz anders James Joyce, der im Mai 1919 hier als Gast auftauchte und sich lediglich für die Wandbehänge in der Wohnung der Baronin interessierte. Seine besondere Aufmerksamkeit galt den Motiven aus Homers Odyssee. Joyce, der an den Episoden der Sirenen und Circe seines *Ulysses* arbeitete, erhoffte sich Anregungen, die aber eher enttäuschend ausfielen, wie Richard Ellmann in seiner Biographie über den irischen Schriftsteller berichtete: »Die Sirenen waren noch nie in einem Wind draußen gewesen,

denn ihr Haar war so anliegend wie eine deutsche Perücke und das Meer war dementsprechend«, soll Joyce bemerkt haben.
1927 war die Lage der Baronin schließlich hoffnungslos. Sie verkaufte die Insel samt Villa, um wenigstens einen Teil ihrer Schulden und Hypotheken zu tilgen. Völlig verarmt zog sie sich nach Moscia zurück. Der neue Eigentümer, Max Emden, ein Hamburger Kaufhausmagnat, sprengte Villa und die anderen übrigen Reste des alten Baubestandes ein Jahr später in die Luft. Wie der schöne Vogel Phönix entstand aus den Ruinen des alten Hauses eine pompöse Villa im Stile der Neurenaissance. Besucher jenes Ambientes fanden nun eine Ausstattung mit Marmorböden, ein dreiunddreißig Meter langes neurömisches Bad und Originalbilder aus der Zeit der venezianischen Renaissance vor. Ein von Emden an der Anlegestelle angebrachter Leitspruch empfing die Besucher mit den Worten »Auch Kunst ist Leben«, berichtete Curt Riess, Journalist und Biograph, in *Ascona. Geschichte des seltsamsten Dorfes der Welt*. Riess wußte um die Details jenes Mottos im häuslichen Ambiente:
»Das war ein herrliches Haus, das Emden hatte bauen lassen: Das Treppenhaus in Marmor, die weiten Wohnräume, schon mehr Wohnhallen, alle mit erlesenen Kunstwerken ausgestattet. Die Halle zu ebener Erde war mit Marmorplatten ausgelegt, so daß man, aus dem See kommend, klitschnaß hindurchlaufen konnte. Der Fußboden des Wohnraums im ersten Stock war nach dem Muster des Bodens im Mailänder Dom angefertigt. Abends konnte man die in die Wand eingelassenen Spiegelscheiben vorziehen, und dann waren alle Wände nur noch Spiegel. Im Eßzimmer hingen Bilder von Monet und Sisley. Es gab vierundzwanzig Zimmer, die dreizehn Angestellte in Ordnung

hielten. (...) Emden ließ den Hafen ausbauen und auf dem Bootshaus drei Wappen anbringen, die Architektur, Malerei und Dichtung verkörperten. Er kaufte Motorboote, insgesamt dreizehn, eine ganze Flotte.«
Max Emden vergnügte sich hier bis zu seinem Tod 1940. Als »Parco Botanico del Cantone Ticino« ging die Insel 1949 in kantonalen Besitz über und wurde damit öffentlich zugänglich. Lohnenswert ist der Besuch des Restaurants mit einem hübschen Terrassenblick auf den See. Antonietta Saint-Léger kehrte übrigens 1972 wieder zu ihren Pflanzen zurück: Ihre sterblichen Überreste wurden im Schatten eines kleinen Gebüsches auf der Insel beigesetzt.

Gegenüber der Insel liegt Brissago. Es ist der letzte Tessiner Ort an der Uferstraße vor der italienischen Grenze und die Endstation der Buslinie 21 von Locarno. Auch per Schiff ist die Anreise von Locarno oder Ascona möglich.
Die Hauptstraße Via Ruggiero Leoncavallo, nach dem bekannten Opernkomponisten benannt, wurde 1863 gebaut und 1965 zur Durchgangsstraße ausgebaut.
»In Brissago lag ein schönes, großes bequemes Hotel mit einem alten Park, einem sandigen Badestrand und anderen Vorzügen. Hier gedachte ich ein neues Buch anzufangen, mietete außer einem Balkonzimmer noch einen zweiten Balkon und zog jeden Tag mit der Sonne und einem Schreibblock von einer Hotelseite zur anderen, ließ mich braunbrennen, blickte auf den See hinunter und malte zögernd kariertes Papier mit Wörtern voll«, gedachte Erich Kästner seines Aufenthaltsortes im Jahr 1931. Gemeint ist das ehemalige Grand Hotel, das sich fast am Ortsausgang von Brissago auf der linken Seite am Ufer befand. Nach ein paar Tagen bemerkte er zufällig die Anwesen-

heit eines anderen schreibenden Kollegen aus Berlin: Kurt Tucholsky saß ein paar Zimmer weiter im selben Hotel und hämmerte, von seinem Nachbarn zunächst unbemerkt, auf seiner Schreibmaschine Artikel für Carl Ossietzkys »Weltbühne«. Erich Kästner widmete seiner *Begegnung mit Tucho 1948* ein paar Zeilen.

»Während ich tagsüber am Strand lag oder von einem Balkon zum anderen zog, damit in meinem Reich die Sonne nicht untergehen möge, klapperte Tucholskys Schreibmaschine unermüdlich, der schönen Stunden und Tage nicht achtend. (...) Er teilte an der kleinen Schreibmaschine Florettstiche aus, Säbelhiebe, Faustschläge. Die Männer des Dritten Reiches, Arm in Arm mit den Herren der Reichswehr und der Schwerindustrie, klopften ja damals schon recht vernehmlich an Deutschlands Tür. Er zupfte sie an der Nase, er trat sie gegen das Schienbein, einzelne schlug er k. o. – ein kleiner dicker Berliner wollte mit der Schreibmaschine eine Katastrophe aufhalten (...).«

Tagsüber ging jeder seiner Wege; abends trafen sie sich bei einer gemeinsamen Flasche Asti Spumante und rauchten vielleicht eine der Brissago-Zigarren, die ein paar Schritte weiter in der Tabakfabrik noch heute gerollt werden. Manchmal setzte sich Tucholsky in einer Ecke des Hotelparks an ein altes Klavier und intonierte die eigenen Chansons, die er für das Berliner Kabarett »Schall und Rauch« schrieb. Für beide sollte es nicht der letzte Aufenthalt im Tessin sein: Kästner kam noch einmal 1962 an den Luganer See, wovon wir an anderer Stelle erfahren. Tucholskys Spuren im Tessin lassen sich noch einmal 1932 im Kreise des Züricher Staranwalts Wladimir Rosenbaum und dessen Sommersitz im Onsernone-Tal aufspüren, bis sie sich nach 1933 im Exil verlieren.

Das Grand Hotel ist heute verschwunden. Ältere Bewohner des Ortes erinnern sich noch, wie sie damals mit anderen kleinen Kindern nachmittags vor dem Hoteleingang auf die eleganten Damen warteten und manchmal stolz mit einem Stück Schokolade nach Hause gingen. Das schönste und mondänste Hotel am Lago Maggiore sei es gewesen, das 1906 für die vornehmen Gäste eröffnete. Die Ausstattung stand anderen Grand Hotels in nichts nach: Eine Tennisanlage, ein riesiger Garten sowie ein hauseigener Landungssteg, an dem Motorboote haltmachten, standen zur Verfügung. Gondeln lockten Gäste für Spazierfahrten auf den See. 1983 brannte das Hotel, wenige Jahre später verschwand es endgültig durch die Abrißbirne. Nun steht an derselben Stelle ein modernes, mehrgeschossiges Gebäude mit Wohnappartements. Eine niedrige Sichtbetonmauer grenzt das Gebäude von der Straße ab. Eine Glaswand ist der Fassade vorgeblendet, und an Eck gesetzte Balkone sollen vielleicht an die großen Zeiten der architektonischen Moderne erinnern. Ein wenig überproportioniert wirkt der wuchtige Bau in Nachbarschaft zu den anderen Häusern des kleinen Ortes.

Zurück zu Kurt Tucholsky und anderen, die 1933 dem nationalsozialistischen Deutschland den Rücken kehrten. Mit den Ereignissen in jenem Jahr wurde für viele der befürchtete politische Alptraum zur Realität. Zahllose Flüchtlinge aus der schreibenden und künstlerischen Zunft suchten das Tessin als vorübergehende Wahlheimat auf. Zu den prominentesten gehörten Thomas Mann und Bertolt Brecht, die sich für einige Wochen am Luganer See niederließen, um den weiteren Weg ihrer Emigration zu überdenken. Viele hofften 1933 auf den Schutz der Schweizer Neutralität, deren Behörden dennoch zahlreichen Asylbewerbern so manche juristische Hürden in den Weg legten. Der Brecht-Biograph Werner Mittenzwei beschrieb in *Exil in der Schweiz* scharfsinnig die Schweizer Flüchtlingspolitik jener Zeit, die sehr wohl den Unterschied zwischen namhaften und namenlosen Emigranten kannte:

»Die Schweizer Asylpolitik ist nicht beschreibbar aus der Sicht der großen Namen, die die Behörden akzeptierten, mit denen sich die offizielle Schweiz zu gegebenem Anlaß gerne schmückte. Man muß unterscheiden zwischen der kleinen, bevorzugten Schicht der anerkannten politischen Emigranten und der großen Masse von Flüchtlingen. Die Regierungsstellen achteten sehr genau darauf, daß die Anzahl der tolerierten politischen Flüchtlinge eine bestimmte Zahl nicht überstieg. Nach Angaben Schweizer Historiker lebten in der Schweiz nie mehr als zweihundert anerkannte politische Flüchtlinge. Es waren vor allem Schriftsteller von weltliterarischem Rang wie Thomas Mann, der wohl berühmteste Dichter der Weimarer Republik (...).«

Zu den weniger bekannten Flüchtlingen gehörte auch der jüdische Verleger Leon Hirsch, der mittellos das lebensrettende Ufer des Schweizer Asyls erreichte und später in Brissago lebte. Sowohl Erich Kästner als auch Kurt Tucholsky kannten den kleinen, schmächtigen Mann, für den sie während der großen Jahre des Berliner Kabaretts nach 1929 auf den Bühnenbrettern standen. Leon Hirsch war der Gründer des Kabaretts »Die Wespen«, das mit seinen Auftritten gegen das sich martialisch gebärdende neue Germanentum für Publizität in der Berliner Tagespresse sorgte. Leon Hirschs Biographie entsprach den aggressiven Kriterien nationalsozialistischer Feindbilder: Religionszugehörigkeit jüdisch und zudem Verleger gesellschaftskritischer Bücher, unter anderem Erich Mühsams.

Er besaß nicht den Namen, der als Referenz für eine Aufenthaltsgenehmigung in jedem Fall ausreichend gewesen wäre. Er hatte einfach nur ein bißchen Glück. Ein seit Jahren verschlepptes Lungenleiden verschaffte ihm im April 1933 ein ärztliches Attest für eine Kur in der Schweiz. Das Gesuch auf einen weiteren Aufenthalt wurde ihm zunächst verweigert. »Dem Gesuchsteller muß die dauernde Wohnsitznahme aus Gründen der Überfremdung verweigert werden. Die beabsichtigte Tätigkeit ist zudem unerwünscht«, so die lapidare amtliche Antwort.

Die Unterstützung von Bekannten und der jüdischen Flüchtlingsvorsorge verhalf ihm schließlich zu einer zunächst befristeten Aufenthaltsverlängerung. Ohne ausdrückliche Genehmigung durfte Hirsch aber keiner Erwerbstätigkeit nachgehen, was für viele seiner emigrierten Kollegen in der Schweiz galt. »Duldung« hieß nicht selten der offizielle Terminus, dessen Status durch jegliche Art beruflicher Existenzsicherung oder politischer Betätigung mit Ausweisung bedroht war. Der in Berlin geborene Robert Jungk, der über Prag und Paris schließlich in die Schweiz emigrierte, kam 1943 wegen seiner Artikel in der »Weltwoche« in Internierungshaft. Bertolt Brecht, der 1933 das Privileg einer Aufenthaltsgenehmigung für die Schweiz in der Nähe von Lugano erhielt, fand in *Flüchtlingsgespräche* auf seine Weise Worte zur Beschreibung jener Wirklichkeit: »Die Schweiz ist ein Land, das berühmt dafür ist, daß sie dort frei sein können. Sie müssen aber Tourist sein.«

Viele Flüchtlinge waren auf die finanzielle Unterstützung von Freunden angewiesen. Sylvia von Harden, Dichterin und bekannt durch das Portrait von Otto Dix, wo er sie als lasziv in Szene gesetzte Dame im Kaffeehaus mit Kurzhaarschnitt und Zigarette posieren ließ, beschrieb ihre Situation 1937 in Ascona in einem Brief an Leon Hirsch: »Es geht mir seit Tagen mal wieder miserabel. Na Schwamm drüber, wie lange ich es noch mitmache, weiß

ich noch nicht. Wenn ich nicht irgendeine große Arbeit verkaufe, habe ich keine Lust mehr. Dieses Hungerdasein kotzt mich an. Ich werde, da ich seit Sonnabend nichts mehr gegessen habe, wohl oder übel meine Maschine versetzen müssen, wenn keine andere Hilfe kommt.«
Für andere Flüchtlingsgruppen aus Deutschland kam es noch schlimmer. Im Sommer 1942, als sich auch in der internationalen Öffentlichkeit Informationen über den Holocaust zu verdichten begannen, wurden die Grenzen der Schweiz für einige Zeit vollends geschlossen. »Es gab Befehle, die Zurückweisung besonders rigoros zu handhaben. An den Grenzen spielten sich erschütternde Szenen ab«, so Werner Mittenzwei.
Leon Hirsch hatte Deutschland rechtzeitig verlassen. Als er sich 1934 in Zürich abmeldete, hatte er bereits seine Koffer gepackt, um ins Tessin zu gehen. Zunächst zog er nach Ascona, später ließ er sich in Brissago nieder. Hier am Lago Maggiore trat er noch einmal als Herausgeber einer Mappe mit Handzeichnungen und Gedichten Erich Mühsams in Erscheinung. Ansonsten wurde es sehr still um den in ärmlichen Verhältnissen lebenden Mann. Eine unheilbare Krankheit führte zum Aufenthalt in einer Klinik in Bern, wo er 1954 starb. Das alte »Ristorante Giardino« an der Hauptstraße, wo Leon Hirsch einst als Stammgast bei Rossini saß, gibt es nicht mehr. Die »Osteria Giardinetto« erinnert nur noch entfernt namentlich an die mit Hirsch freundschaftlich verbundene Familie.
»Brissago Blauband come una melodia!«, so klang in den siebziger Jahren, fern gesundheitsbewußter Mahnungen, der noch unbeschwerte Werbeslogan des wohl bekanntesten Exportschlagers des kleinen Ortes. Gemeint ist die Brissago-Zigarre, die seit 1847 in der links am Dorfausgang befindlichen Tabakfabrik produziert wird. Vor dem

Eingang liest der Besucher »Centro Dannemann«. Burger und Söhne waren es, die 1997 den alten Familienbetrieb übernahmen. Die Gründerväter wachen als Marmorbüsten im Treppenhaus darüber, daß sie nicht ganz in Vergessenheit geraten. Einst bestimmten sie mit ihrer Fabrik das Arbeitsleben mehrerer hundert Mitarbeiterinnen aus den Dörfern der Umgebung. Fast jedes Familienmitglied hatte mit dem Entrippen, Rollen und Verpacken der Tabakblätter zu tun. Heute ist die Zahl der Belegschaft nur noch zweistellig. Rund sechzig Arbeiterinnen, zehn Arbeiter und zehn Angestellte hat die Fabrik noch. Die meisten kommen über die italienische Grenze aus Cannobio und dem Nachbardorf. Ein Markenzeichen der Firma ist weiterhin die Brissago-Zigarre mit 21 cm Länge aus Virginia-Tabak. Das Besondere ist der Grashalm, der aus der Zigarre herausragt. Er sorgt für Luftzufuhr und wird gleichzeitig als Zündhalm benutzt. Insgesamt verlassen etwa 30 Mio. Zigarren jährlich das Fabrikgebäude. Interessierte Besucher haben sogar die Möglichkeit, sich durch die Fabrik führen zu lassen.

Blick auf den Luganer See

Ausflug zum Luganer See und nach Carona

Unser nächstes Ziel ist der Luganer See. Mit der Eisenbahn fahren wir nach Bellinzona, wo wir Richtung Mailand umsteigen müssen. Mit dem Auto kann man etwas abkürzen, denn bereits bei Cadenazzo führt die Straße auf die Autobahn. Es geht bergauf am Monte Ceneri vorbei, wo das Sottoceneri beginnt, der südliche Teil des Tessins um Lugano. Die Strecke führt am 1962 m hohen Monte Tamaro vorbei, der mit seinen Ausläufern die Trennscheide zum Lago Maggiore bildet.

Bald »(...) dampft die Ferne des Unterlands dem Reisenden entgegen; nahe Berge, der Salvador, Generoso, Brione erscheinen in unbekannten Formen, bald erblickt man tief, aber nahe unter sich, den schlängelnden See von Lugano, der im Berggewühl erscheint, um wie ein großer Strohm sich um die Piramide des monte Salvador zu winden«, beschrieb Viktor von Bonstetten 1796 seine Anreise nach Lugano, als er bereits den San Salvatore vor Augen hatte.

Majestätisch wirkt er, obwohl er mit seinen 912 Metern nicht der höchste Berg in der Bucht Luganos ist. In seiner Form erinnert er ein bißchen an den Zuckerhut in Rio de Janeiro. Viele Schriftsteller haben ihn mit besonderer Aufmerksamkeit bedacht, denn er hat das Bild Luganos und seiner Umgebung weitgehend geprägt. Wir lassen noch einmal Viktor von Bonstetten zu Wort kommen:

»Der Salvador sticht ganz besonders mit seiner Piramide in die Luft, und giebt dem glänzenden Gemälde einen eigenen Charakter. Besonders beim Mondschein, oder noch besser beim finstern Sternenglanz hat diese zugespitzte

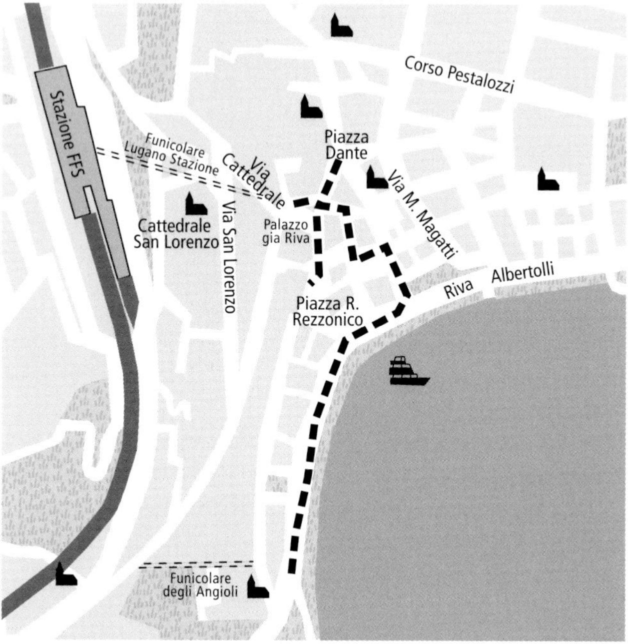

überhängende Piramide, die ihre gigantischen drohenden Umrisse auf den Sternenhimmel wirft, etwas schauerliches, das mit der Anmuth der warmen Ufer und mit den nächtlichen Freudengesängen der Einwohner kontrastirt.«
Wir erreichen den Bahnhof von Lugano, der etwas oberhalb der Stadt liegt. Eine kleine Kabinenbahn bringt uns hinunter zur Piazza Cioccaro. Der Ausstieg befindet sich in der Altstadt, die sich mit ihren kleinen Gassen öffnet. Ihr Herz ist die Piazza della Riforma, ein paar Meter vom Seeufer entfernt. Von allen Seiten laufen die Wege auf sie zu. Die Piazza mit ihren zahlreichen Cafés und Restaurants ist der Mittelpunkt des öffentlichen Lebens von Lugano. Die meisten der auf diesem Platz befindlichen

Häuser erstrahlen in vornehmem Glanz wie der Palazzo Civico, in dem sich das Rathaus befindet. Für diesen Bau stand die Klassik Pate. Zum Bild der vornehmen Eleganz gesellt sich der Eindruck, daß auf dem Boden der Piazza mehr als einmal am Tag gefegt wird. »Und mit diesem rein südlichen Baucharakter eint sich nordische Sauberkeit, denn wir sind in der Schweiz (...)«, bemerkte Joseph Ponten in *Die Luganesische Landschaft* treffend – für diese Ausgabe liefert Hermann Hesse übrigens die Aquarelle.

An das frühere Italien erinnerte sich Gerhart Hauptmann, als er 1931 in der Altstadt Luganos die Fastnacht erlebte: »Gestern wieder Karnevalsbummel durch die Gassen. Was nicht mehr in Italien ist, nicht mehr in Rom, davon sind Reste hier. Ich empfand ähnlich, wie Goethe vor hundertzwanzig Jahren empfunden hätte. Der Korso war keineswegs Kopf an Kopf. Zivilisten, dünn gesät, promenierten. Junge Elegants eilten mit hübschen Masken ab, wie Raubvögel mit ihrer Beute. Sie suchten das Dunkel.

Einige Bälle waren im Gang. An den Schlupflöchern kroch es ein und aus. Weibliche Masken, die sich nur mit Vogelstimmen unterhielten. Überhaupt: menschliches Vogelgezwitscher erfüllte die Gassen.

Diese engen Gassen sind schön bei Nachtbeleuchtung wie selten in einer Stadt. Die Säulen der Lauben werden, wo Straßen sich kreuzen oder mit Plätzen aneinanderstoßen, zu Wäldern. In Gruppen eilen die Masken farbig und zwitschernd hindurch.«

Auch in den heutigen Zeiten wird Karneval in Lugano gefeiert. Im Februar drängeln sich auf der Piazza della Riforma die Menschen um die zahlreichen Kessel, in denen Risotto zubereitet wird.

In der Altstadt ist die Via Pessina besonders sehenswert, hier hat sich am ehesten die nostalgische Kulisse der alten Stadt mit ihren Laubengängen und kleinen Geschäften bewahrt. Ansonsten mußten in Lugano in den vergangenen Jahrzehnten viele historische Bauten ihren Platz für moderne Gebäude räumen.

Auf der Piazza und in den Gassen der Altstadt geht es geschäftig zu. Die Stadt macht mit ihren Bank- und Geschäftshäusern einen weltgewandten Eindruck. Ein Blick von den umliegenden Berghängen auf den riesig wirkenden Ballungsraum scheint dies zu bestätigen, aber die Zahl der etwa 30 000 Einwohner wirkt dann doch etwas ernüchternd. Hier in der Innenstadt scheinen die Chancen, neue Bekanntschaften zu machen, relativ gering, denn die Gesichter, denen man hier begegnet, sind zumeist vertraut. Davon erzählt jedenfalls Giovanni Orelli in *Immer an den Grenzen des Anstands*:

»Zu dieser Stunde spaziert der Bürgermeister gern quer über die Piazza Riforma, geht an den Schaufenstern der Banken vorüber, während der Minister für Kultur seinen Rundgang – der freilich immer kürzer wird – im sogenannten historischen Zentrum macht, wie es bei den Nominalisten immer noch heißt.

Die Luft war herrlich milde, und mit Sbrinz' Erlaubnis drehte ich die Scheibe herunter und begrüßte Herrn Direktor Galak, Geldgeber und Seele der nationalistischen Bewegung ›Liberi e Svizzeri‹, Standort rechtsaußen, was in einer Stadt wie Lugano sehr à la mode ist.

›Salve Doktor, wir sehen uns zum Abendessen!‹ Kurz angebunden wie immer. Galak war schon wieder hinter dem Bankgebäude verschwunden.«

Uns zieht es nun an den See. Der Weg dorthin führt geradewegs auf eine der verkehrsreichsten Straßen Luganos zu. Die Stadtplanung hat mit der vor uns befindlichen Uferstraße die Altstadt von der Seepromenade abgeschnitten, und an manchen Stellen erreicht man den See am sichersten durch Fußgängerunterführungen. Das hält die Luganesi aber nicht ab, zwischen Verkehrslärm und Autoabgasen auf dem Bürgersteig neben dem Seeufer zu promenieren. Hier fahren auch die zahlreichen Ausflugsschiffe ab, mit denen man den See erkunden kann.

»Der schöne Quai, ohne den man sich jetzt Lugano (Lauis) gar nicht denken kann, ist erst im Sommer 1866 fertig geworden, und wenn derselbe auch 150 000 Fr. gekostet hat, so ist das nicht viel für den Gewinn einer Promenade, von welcher man die entzückende Aussicht hat auf die ganze Herrlichkeit, mit der Lugano in seiner Lage gesegnet ist, wegen der man es, allerdings etwas kühn, mit Neapel verglichen hat«, lobte Eduard Osenbrüggen die Neugestaltung des Ufers im 19. Jahrhundert.

Nicht nur die Luganesi, sondern auch die zahlreicher werdenden Touristen, die in den benachbarten Prachthotels ihre Quartiere bezogen, flanierten zu seiner Zeit auf der neuen Attraktion des Ortes. Der »Golf von Lugano«, wie man den See in der nachhaltigen Italienbegeisterung bisweilen auch nannte, erfreute sich wachsender Beliebtheit.

An den Quaianlagen warteten die qualmenden Dampfschiffe auf die noblen Hotelgäste: »Vom Quai verbreitet sich ein reges Leben überallhin. Das Dampfschiff wurde benutzt, um nach Gandria und zum Monte Bré zu fahren; grössere Barken mit scharlachrother Bedachung trugen Gesellschaften hinüber zum Sanctuarium des Bacchus, zu den im kühlen Schatten liegenden Grotten des Caprino, leichte Gondeln flogen über die glitzernde Wasserfläche

demselben Ziele zu«, gab Osenbrüggen seinen Lesern weitere Tips für die angenehmen Kurtage am See.
Die Gäste nutzten vielfach den neuen Komfort des gerade gebauten Abschnitts der Gotthardbahn, die nun Como mit Lugano verband. An der Bahnstation von Lugano wurden die »Sommerfrischler« bereits von den Hotelkutschen empfangen. Auf den neu gebauten Uferwegen führte ihr Weg u. a. zum Grand Hotel, das noch heute steht. Viele der einstigen Bauten dieser Zeit sind jedoch verschwunden. Franz Kafka und Max Brod haben sie auf ihrer Reise zum Luganer See 1911 noch gesehen. Brod war vom Ort wenig angetan, wie seinem Tagebuch zu entnehmen ist:
»Lugano ist nicht so schön wie Riva. (...) Man sieht charakterlose Prachtgebäude. Den Quai entlang Palasthotels.«
Ein weiterer uns bekannter Gast kam in den Genuß der alten Hotelkultur. An der Uferstraße, in Nachbarschaft zur Kirche S. Maria degli Angioli, befand sich das Hotel du Parc. Friedrich Nietzsche gönnte sich dort einen Erholungsurlaub. Es war für ihn »das beste Hotel der Welt«. Die große Zahl englischsprachiger Gäste fiel ihm auf: »(...) lauter Engländer, alles war so drollig«, schrieb er im Mai 1877 in einem Brief.
1871 wohnte er das erste Mal als Kurgast im selben Hotel, denn »(...) meine Gesundheit ist so schlecht, daß die Ärzte mich nach dem Süden schicken(...)«, klagte er.
Mehrere Wochen weilte Nietzsche vergeblich in der vermeintlichen Tessiner Sonnenstube, um die ersten Anzeichen des Frühlings zu genießen. »(...) ich kann heute das Wort ›Wärme‹ nicht ohne Sehnsucht schreiben. Denn der schöne See ist ganz mit kaltem, dichtem Nebel überhängt, und graues Mißvergnügen breitet sich über das Hotel und seine sehr vom Wetter abhängigen Bewohner (...).«

Mit dem Hotel du Parc begann 1855 das vornehme Kapitel eines großbürgerlichen Kur- und Erholungsbetriebes am See. Der Architekt integrierte seinerzeit den ehemaligen Klosterhof der Kirche als Wandelhalle für die Gäste sowie den Springbrunnen in den Hotelgarten ein. »Gasthof ersten Ranges, vortrefflich eingerichtet, deutscher Wirth und deutsche Ordnung«, geriet der *Baedeker* 1858 ins Staunen.

Die Kirche S. Maria degli Angioli befindet sich an der kleinen Piazza Bernardino Luini an der Uferstraße. Hier stand einst das gleichnamige Kloster, das 1855 dem Grand Hotel du Parc weichen mußte.

Die Kirche selbst ist einen Besuch wert. Von außen wirkt sie schlicht, aber im Kirchenschiff findet man die imposante Farbenpracht von Wandmalereien eines Schülers von Leonardo da Vinci aus dem 16. Jahrhundert. Nach seinem Namen, Bernardino Luini, ist auch die Piazza benannt. An der Wand des Lettners findet man ein riesiges Monumentalfresko der Kreuzigungsszene, das die gesamte Höhe der Wand ausfüllt.

Ganz in der Nähe befinden sich an der Uferstraße teilweise zwölfgeschossige Wohnblöcke aus Beton, die leider auch zum heutigen Image der Stadt beitragen. In den letzten Jahrzehnten der Stadtentwicklung haben renditeträchtige Immobiliengeschäfte deutliche Spuren hinterlassen. Lugano ist auch eine Stadt der Bankhäuser, die das gegenwärtige Bild des Ortes weitgehend mitbestimmen. So manche Bauten würde man vielleicht heute gerne woanders sehen, andere sind Vorzeigeprojekte zeitgenössischer Architektur, so z. B. die Banca del Gottardo an der Viale Stefano Franscini. Mario Botta hat diesen international beachteten Bau in den achtziger Jahren entworfen.

Für eine Fahrt nach Carona mit dem Postbus der Linie 34 startet man am besten von der Haltestelle an der Piazza Rezzonico, die sich in der Stadtmitte an der Uferstraße des Sees unterhalb des Bahnhofs befindet. Die Fahrt in das 600 Meter hoch gelegene kleine Bergdorf Carona dauert knapp zwanzig Minuten. Am Dorfeingang tritt der Busfahrer erst einmal auf die Bremse. Eine schmale, steinerne Durchfahrt zwingt den Fahrer dazu, seinen Bus vorsichtig, mit millimetergenauer Zielgenauigkeit zu zentrieren und schließlich langsam durch die Röhre zu zwängen. Diese Maßarbeit verdient eigentlich einen besonderen Applaus, denn jenes Nadelöhr, in dem zwischen Bus und Steinmauer kaum mehr als ein Löschblatt Platz findet, verlangt selbst von den geübten Fahrern eine besondere Probe ihres Könnens. Ein paar Meter weiter ist an der Post Endstation. Dort wird den nicht ortskundigen Besuchern mit einem angeschlagenen Ortsplan eine erste Orientierung gegeben. An der Straße findet man ein kleines Lebensmittelgeschäft, einen Zeitungskiosk und ein paar kleine Pensionen mit Restaurants. Der eigentliche historische Ortsteil mit seinen terrassenförmig in den Berg gebauten Häusern beginnt oberhalb der Straße. Hier steigen wir nach oben, um die Casa Pantrova, das ehemalige Wohnhaus von Lisa Tetzner und Kurt Kläber, zu suchen. Es ist das letzte freistehende Haus, auf einer kleinen Terrasse gelegen und mit einer schönen Aussicht auf das Dorf.

Dem Leser sind Lisa Tetzner und Kurt Kläber als Autoren von Kinderbüchern bekannt. Kurt Kläber veröffentlichte unter dem Pseudonym Kurt Held *Die rote Zora*. Die Titelheldin blieb auch in einer gleichnamigen Fernsehproduktion unvergessen. Lisa Tetzner schrieb *Die schwarzen Brüder* (vgl. S. 90 ff.).

Lisa Tetzners Biographie ist ungewöhnlich: In den thüringischen Dörfern machte sie sich nach 1918 als Märchenerzählerin einen Namen. Auf Straßen und Dorfplätzen fand sie ihr erstes Publikum. Dann entdeckte sie der Berliner Rundfunk, fortan hörte das vorwiegend junge Publikum ihre Stimme durch die Lautsprecher des damals neuen Mediums in den heimischen Wohnzimmern. 1924 kamen Kurt Kläber und Lisa Tetzner erstmals in das Tessin, wo sie den Sommer verbrachten. Hermann Hesse, der bei der Suche nach einem entsprechenden Quartier behilflich war, vermittelte eine Wohnung in Carona. Bis 1933 lebten sie abwechselnd in Berlin und dem Bergdorf. Jenes Jahr war schließlich folgenreich. Kurt Kläber, der gemeinsam mit Johannes R. Becher zu den Gründungsmitgliedern des »Bundes proletarisch-revolutionärer Schriftsteller« gehörte, geriet ins Visier der Gestapo. Für kurze Zeit wurde er in »Schutzhaft« genommen. Nach seiner Freilassung entschied sich das Ehepaar, Deutschland endgültig den Rücken zu kehren. In den nachfolgenden Jahren im Tessin lebten sie in ständiger Angst vor der Ausweisung. Im Nachlaß Lisa Tetzners und Kurt Kläbers findet sich eine umfangreiche Korrespondenz mit der Fremdenpolizei. Fast jedes Jahr bangten beide um ihr Recht, in der Schweiz zu bleiben. 1937 verhinderte ein offener Brief von Schriftstellern und Berufskollegen die drohende Ausweisung. Noch 1939, ein Jahr nachdem die Nationalsozialisten dem Ehepaar die deutsche Staatsbürgerschaft aberkannt hatten, schrieb ihm das Eidgenössische Justiz- und Polizeidepartment Bern: »Wir bedauern, Ihnen mitteilen zu müssen, dass dauernder Aufenthalt in der Schweiz für Sie und Ihren Mann nicht in Frage kommen kann (...). Wir ersuchen Sie daher, Ihre Auswanderung nunmehr vorzubereiten (...).« Kurz darauf wurde eine erneute Aufenthaltsgenehmigung erteilt, wieder für knapp ein halbes Jahr.

Das schweizerische Aufenthaltsrecht verbot Kurt Kläber seit 1933 jegliche Form der Berufsausübung. Lisa Tetzner durfte beschränkt arbeiten und trug mit ihren Veröffentlichungen und Vorträgen zum bescheidenen Lebensunterhalt bei. Das subtil differenzierte Ausländerrecht der Schweiz hatte eine Lücke: Um dem Arbeitsverbot zu entgehen, legte Kurt Kläber sich das Pseudonym Kurt Held zu. Auch am Manuskript der kurz zuvor erschienenen *Schwarzen Brüder* ist der Anteil Kurt Kläbers, wie man heute weiß, nicht gering. Er legte seiner Frau eine Rohfassung vor, die sie bearbeitete und die später unter ihrem Namen erschien. Bereits 1938 schrieb Lisa Tetzner an ihren Verleger Sauerländer: »Ich bin diesmal nicht die alleinige Autorin, sondern die Arbeit entstand gemeinsam mit meinem Mann, der mit besonderer Freude, einen solchen Knabenstoff bearbeitete. Ich weiß darum heute noch nicht, ob ich das Buch, wie bisher unter meinem Namen, unter beiden Namen (Klaeber-Tetzner) oder unter einem Pseudonym herausbringen lasse.«
Erst 1949 erhielten beide die lang erhoffte Schweizer Staatsbürgerschaft. Kurze Zeit später ließen sie die heutige Villa Pantrova bauen. Der Name blieb auch nach ihrem Tod Programm: Als »Haus des gefundenen Brotes« war es von den beiden noch zu Lebzeiten als Förderung junger Schriftsteller gedacht. Diese sollten hier ungestört arbeiten können. Daran hat sich bis heute nichts geändert. Seit 1963 vergibt die Stiftung »Pro Helvetia« Stipendien. Einer der Stipendiaten, die einst nach Carona kamen, war der junge Adolf Muschg. Ein schlichter Grabstein im Garten erinnert an die einstigen Bewohner und Stifter des Hauses, das nicht nur Arbeitsstätte junger Literaten ist, sondern auch den Schatz der früheren Eigentümer bewahrt: Im Obergeschoß befindet sich noch die komplette Bibliothek

mit Lisa Tetzners Märchensammlung sowie beider Nachlaß.
Auch ein Freund und Berufskollege Kurt Kläbers aus gemeinsamen Berliner Tagen machte 1933 in Carona für einige Wochen Station: Bertolt Brecht, der erfolgreiche Autor der »Dreigroschenoper«. Auf der Flucht vor den Nazis machte er hier vorübergehend halt. Nach einer Odyssee über Prag und Wien kam er im März 1933 schließlich nach Zürich, wo er in einem Hotel zufällig Kurt Kläber traf.
»Liebe Helli,
(...), in aller Frühe, lese ich in der Zeitung, dass Döblin nachmittags irgendwo Bücher signiert. Ich rufe ihn an. Da fragt aus dem Zimmer nebenan eine Stimme: ist das denn Brecht? Ich sage: nur eventuell. Da ist es Kläber Kurt. Sie fahren nach Lugano vormittags, haben da ein Haus am See. Ich traf noch Döblin und die Seghers mit Mann. Wir beschlossen, für alle was am Luganer See zu suchen. Kläbers wollen es in die Hand nehmen«, ist in seinen *Briefen* an Helene Weigel Ende März 1933 zu lesen.
Brecht fuhr mit Kläber nach Carona, wo er über die noch ungewisse Zukunft in der Emigration nachdenken konnte. Auch mit Thomas Mann, der sich zur selben Zeit ebenfalls am Luganer See aufhielt, suchte er brieflich den Kontakt. Zudem hielt er nach einer gemeinsamen Wohnung für sich und Helene Weigel Ausschau.
»Liebe Helli,
ich war heute bei Kläber. Die Wohnung wäre wunderbar, aber sehr entfernt von Lugano, also der Stadt, sehr einsam. Immer eine halbe Stunde Postauto, und das ist teuer (...). Morgen suche ich unten weiter. (...). In zwei, drei Tagen hoffe ich etwas zu haben«, schrieb Brecht in der Hoffnung, eine Zeitlang im Tessin bleiben zu können.

Brechts Situation war in jenen Tagen finanziell angespannt, auch weil die Überweisung der Honorare aus Deutschland ausblieb. Akribisch sondierte er die Immobilienangebote, Lebensmittelpreise sowie die Busverbindungen von Carona nach Lugano. Auch andere geflüchtete Kollegen und Freunde Brechts dachten laut über einen gemeinsamen Aufenthaltsort irgendwo am Luganer See nach. »(...) Sollten wir nicht im Tessin eine Sommerkolonie gründen?« fragte beispielsweise Bernhard Brentano im Juli 1933 bei Brecht an.

Zu jener literarischen »Emigrantenkolonie« am Luganer See sollte es nicht mehr kommen. Auch für Bertolt Brecht blieb das Tessin nur eine Übergangsstation; sein Aufenthalt in Carona dauerte nur wenige Wochen. »Die Schweiz ist zu teuer, hat keine Städte und ist eine Theaterdekoration (aber ohne Bühnenarbeiter)«, lautete sein knappes Fazit in dieser Zeit.

Nur kurze Zeit später war auch für ihn die Entscheidung für die nächste Station gefallen. Über Paris ging es zunächst auf die dänische Insel Thurø, und schließlich folgte die Übersiedlung in die Vereinigten Staaten. Auf ein paar Fotografien ist sein Aufenthalt im Tessin festgehalten. Sie zeigen den leidenschaftlichen Autofahrer Brecht in stolzer Pose vor einer schwarzen Limousine in den schmalen Gassen von Carona. Eine andere zeigt ihn gemeinsam mit Kurt Kläber und Lisa Tetzner im Garten. »Ich denke gern an Carona und die gemeinsame Zeitungslektüre im Grünen«, erinnerte sich Brecht später an die Zeit im Tessin.

Wir bleiben noch ein wenig in Carona, wo wir uns den Besuch einer kleinen Wandergruppe aus Montagnola im Jahr 1921 ins Gedächtnis rufen.

»Vorgestern haben wir übrigens mit Herrn Hesse eine sehr schöne Tour gemacht«, erzählt Emmy Ball-Hennings in einem Brief an ihre Tochter Annemarie. »Er fragte uns, ob wir ihn nicht einmal begleiten möchten zu seinen Freunden nach Carona.« Auch Hugo Ball war dabei, als man in den frühen Morgenstunden von Montagnola aus losging. Gegen Mittag erreichten sie das Bergdorf. »Kamen in ein äußerlich ziemlich unscheinbares Bauernhaus, drinnen aber brodelte schon das Mittagessen. Man führte uns in einen ganz vornehmen alten Saal, in dem ein Flügel steht. Kerzen an den Wänden und eine Wandmalerei mit Delphinen und Engeln aus einem früheren Jahrhundert. Die Tochter des Hauses, Fräulein Ruth Wenger, blies auf der Flöte und Frau Lisa Wenger ist eine Märchendichterin, die recht berühmt ist. Dann gingen wir auf den Balkon und da sahen wir das Haus von der anderen Seite an. Hier oben am Giebel ist ein bunter Papagei hingemalt und man sieht, daß es früher ein Patrizierhaus war.«

Die Rede ist hier von der Casa Constanza im alten Ortskern von Carona an der kleinen Piazza. Man erkennt das Haus an der farbenfrohen Fassade, an der auch der Papagei noch hinabschaut, den Emmy Ball-Hennings beschrieb. Zwei schmiedeeiserne Balkone sind zu sehen, die von Löwenköpfen getragen werden. Es ist das Haus, welches die Familie Wenger kurz vor Ende des Ersten Weltkriegs kaufte. Lisa Wenger begann mit über vierzig Jahren mit dem Verfassen und Illustrieren von Kinderbüchern. Ihre Enkelin, Meret Oppenheim, machte als weltberühmte Künstlerin Geschichte. Sie verbrachte während ihrer Kindheit viele Sommer in Carona. Auch später kam die gebürtige Berlinerin immer wieder in das Haus ihrer Großeltern zurück. Bekannt wurde sie vor allem mit der legendären »Pelztasse« (1936), die als Kunstobjekt wohl zu den meistzitierten und abgebildeten des Surrealismus gehört. Mit diesem Frühstücksbesteck, eingepackt in einem Gazellenfell, schuf sie eine künstlerische Ikone des 20. Jahrhunderts. Dem Fotografen Man Ray stand sie Modell. Meret Oppenheim gehörte in dieser Zeit zu den gefragten Gästen in den Pariser Ausstellungssalons. Als sie 1936 ihre erste Ausstellung in der Schweiz veranstaltete, strafte die Presse sie mit Unverständnis. Zum Ende der sechziger Jahre beauftragte sie den Tessiner Architekten Aurelio Galfetti mit der Restauration und dem Umbau des Hauses. Sie selbst legte verschiedene Entwürfe für die räumliche Gestaltung und Inneneinrichtung vor. Möbel, Wandleuchten oder auch die Deckenlampe im Salon, die die Form von nach oben geöffneten Blumenknospen hat, tragen die Handschrift der Künstlerin. An den Türen hängen von ihr handgeschriebene Anweisungen, wie »Vor Betreten der Bibliothek bitte Schuhe abwischen«.

Zurück zu unserem wandernden Trio aus dem Jahr 1921. Die drei blieben bis zum späten Abend in der Casa Constanza. Man verbrachte den Sommerabend gemeinsam mit der Familie Wenger auf der Terrasse. »Am Abend gingen wir dann in den Garten. Von dort aus sieht man über den ganzen Luganersee, hinunter bis nach Riva San Vitale. (...) Ruth Wenger hat alle Schweizer Volkslieder gesungen, die Du auch kennst. Das klang sehr schön (...)«, erinnerte sich Emmy Ball-Hennings. Die Dame mit der schönen Stimme wurde übrigens 1924 Hermann Hesses Frau.

Montagnola

Unser nächstes Ziel ist Montagnola. Wir nehmen den Postbus, der am hinteren Ausgang des Luganeser Bahnhofs hält. Man sollte die Fahrtzeiten beachten, denn die Buslinie 36 fährt nur wenige Male am Tag. Er bringt uns in das Dorf, das früher eine selbständige Gemeinde war und heute zur Großgemeinde Collina d'Oro gehört. Es ist vor allem durch die langjährige Anwesenheit des wohl berühmtesten Wahltessiners, Hermann Hesse, bekannt.

Wir erreichen nun im Ortskern zu Fuß nach wenigen Schritten das ehemalige Wohnhaus Hermann Hesses, der hier in dem kleinen Bergdorf fast die Hälfte seines Lebens verbrachte.
»(...) dies schöne, wunderliche Haus (...) hat mir viel bedeutet (...) und war in mancher Hinsicht das originellste und hübscheste von allen denen, die ich je besaß oder bewohnte. Freilich besaß ich hier gar nichts, und bewohnte auch nicht das Haus, sondern nur eine kleine Wohnung von vier Stuben als Mieter (...); ich war jetzt ein kleiner abgebrannter Literat, ein abgerissener und etwas verdächtiger Fremder, der von Milch und Reis und Makkaroni lebte, seine alten Anzüge bis zum Ausfransen austrug und im Herbst sein Abendessen in Form von Kastanien aus dem Wald heimbrachte«, beschrieb Hermann Hesse im Jahr 1931 seine Erinnerungen an seine erste Zeit in der Casa Camuzzi, wo er seit 1919 lebte. Wir finden es gegenüber der Haltestelle an der Piazza Brocchi. Der prunkvoll bis an die Grenze zur Schwülstigkeit gestaltete Palazzo stellt mit seinem wuchtigen Baukörper die anderen benachbarten Häuser in den Schatten. Aus dem 19. Jahrhun-

dert stammt das mit neubarocker Fassadendekoration ausgestattete Gebäude, in dem seit 1997 das Hermann Hesse-Museum eingerichtet ist.

Den Schriftsteller zog es 1907 das erste Mal ins Tessin. In jenem Jahr weilte er als Kurgast auf dem legendären Monte Verità. Auf einer Fotografie ist er inmitten der Pioniere der lebensreformerischen Gemeinschaft zu sehen. Eine Lebenskrise löste 1919 den Wunsch nach einem radikalen Neuanfang aus. Er löste seinen Hausstand in Bern auf und traf kurz danach im Tessin ein. »Die Krankheit scheint vorüber zu sein, ich bin nicht gestorben. Also nochmals dreht sich Erde und Sonne für mich, noch heut und noch lange spiegelt sich Blau und Wolke, See und Wald in meinem lebendigen Blick (...)«, beschrieb Hesse das Gefühl der Neugeburt, das ihn in die »vollste, üppigste, fleißigste und glühendste Zeit seines Lebens« führte, in der auch *Klingsors letzter Sommer* entstand.

1960, knapp zwei Jahre vor seinem Tod, zog er eine Bilanz seiner Lebenszeit in jenem kleinen Dorf:

»Als ich vor einundvierzig Jahren, auf der Suche nach einer Zuflucht, zum erstenmal nach Montagnola kam und eine kleine Wohnung mietete, unter deren Balkönchen damals neben späten Magnolien ein gewaltig hoher Judasbaum in Blüte stand, war ich ein Mann in den besten Jahren und war gesonnen, nach einem vierjährigen Krieg, der auch für mich mit Niederlage und Bankrott geendet hatte, von vorn anzufangen. Und Montagnola war damals ein Dörfchen, zwar kein ärmliches und geducktes wie manches andere in der Gegend, aber doch ein bescheidenes, kleines und stilles, in dem es ein paar herrschaftliche Häuser aus älterer Zeit und zwei, drei neuere Landhäuser gab, das aber einen vorwiegend bäuerlichen Anblick bot. – Heute, ein paar Jahrzehnte später, bin ich kein Mann in guten

Die Casa Camuzzi in Montagnola

oder besten Jahren mehr, sondern einer von den gebrechlichen und etwas komischen Gemeinde-Greisen, der nicht daran denkt, mit irgend etwas von vorn zu beginnen, der sein Grundstück kaum mehr verläßt und drunten auf dem Friedhof von St. Abbondio einen hübschen kleinen Platz gekauft hat. Montagnola ist kein Dorf und macht keinen bäuerlichen Eindruck mehr, es ist ein Vorstädtchen mit etwa viermal so vielen Einwohnern, mit einem stattlichen Postamt und Konsumladen, einem Café und einem Zeitungskiosk geworden, wir nennen es unter uns ›Stadt Segelfoss‹, an Hamsun denkend.«

Viele Gäste haben Hesse ihre Referenz erwiesen. Irgendwann kam die Zeit, wo er mit einem Schild vor seinem Haus »Bitte keine Besuche« auch von den nicht eingeladenen Abstand nahm. Einer der frühen Gäste in der Casa Camuzzi war der junge Schriftsteller Peter Weiss. Zu Beginn des Jahres 1937 schickte der damals 20jährige, der mit seinen Eltern in die Tschechoslowakei emigriert war und in Prag Kunst studierte, dem literarischen Vorbild ein mit Illustrationen versehenes Manuskript.

»Das Manuskript enthält nun allerlei, was ich mir ausgedacht und überlegt habe, Geschichten, Bilder und Gedichte. Wenn Sie Zeit und Lust haben, sehen Sie sich bitte alles an, der Gedanke ist schön, dass mein Büchlein unter Ihren Augen auf dem Schreibtisch liegen soll.«

Hesse antwortete prompt mit ermutigenden und anerkennenden Zeilen, die Peter Weiss als großen Glücksfall für sich bezeichnete. Im Sommer desselben Jahres machte sich Peter Weiss auf, seinen inzwischen 60jährigen Mentor zu besuchen. In der Mansardenwohnung der Casa Camuzzi erhielt er Quartier. Ein Jahr später, im Spätsommer 1938, kehrte er noch einmal für einige Wochen an den Luganer See zurück. Während seiner Aufenthalte im Tessin illustrierte Weiss ein paar Erzählungen Hesses, malte, dichtete und wanderte, in gedanklicher Nähe mit Klingsor, jener von Hesse geschaffenen literarischen Kunstfigur, die das expressiv und unabhängig lebende Künstlerdasein verkörperte. Eine Fotografie aus diesen Tagen zeigt Peter Weiss an einer Staffelei im Atelier von Olli Jacques in Carabietta.

»Das war eine sehr fruchtbare Zeit, in der ich zum ersten Mal ohne Angst gearbeitet habe, ohne diese ständige Beklemmung durch die Exilsituation.«

In dieser Zeit erreichte ihn die Nachricht vom Einmarsch der deutschen Truppen in das Sudetenland, und er war voller Sorge um seine Eltern in Prag. »Der Zwiespalt, in dem ich mich befand, geht daraus hervor, daß ich mich an die von Hesse bestellte Illustrationsarbeit machte, als eben die deutschen Truppen in Böhmen einmarschierten. Am 29. September, dem Tag der Münchener Kapitulation, war ich bei Hesse oben in Montagnola gewesen, voller Schrecken über den Verbleib meiner Familie, die aus Warnsdorf geflüchtet war. In meiner Unruhe saß ich dann über den beiden Erzählungen ›Kindheit des Zauberers‹, und ›Anton Schievelbeyn‹, die Hesse mir gegeben hatte.«

Die Manuskripte waren als Geschenk für Hesses Freunde gedacht. Für die Illustrationen erhielt Peter Weiss von Hesse hundert Schweizer Franken, »(...) für mich damals ein hoher Betrag«, wie der einstige Kunststudent rückblikkend bemerkte.

Auch lange Zeit später blieben Hermann Hesse und Peter Weiss noch brieflich in Kontakt. Im Januar 1962 trafen sich sich, kurz vor Hesses Tod, noch einmal in Montagnola. Peter Weiss fühlte sich wie ein Gast unter vielen, in die knappe Besuchszeit des Dichters gedrängt. Eine Mischung aus Ernüchterung und Enttäuschung blieb nach dem unpersönlich empfundenen Treffen. Ein knappes halbes Jahr später starb das einstige Vorbild.

Wir verlassen die Casa Camuzzi und begeben uns nach Gentilino. Der Weg beginnt an der Casa Camuzzi und ist als Hesse-Wanderweg mit kleinen Hinweisen beschildert. Gleich nach ein paar Schritten auf dem Wanderweg »Ra Cürta« stehen wir an einer literarischen Station, wo wir einen Auszug aus *Klingsors letzter Sommer* lesen:
»Über die nächsten Berge, die grün und rot mit weißen Dörfern aufklangen, schauten bläuliche Bergzüge, und lichter und blauer dahinter neue und neue Züge und ganz fern und unwirklich die kristallenen Spitzen von Schneebergen. Über dem Wald von Akazien und Kastanien trat freier und mächtiger der Felsrücken und höckrige Gipfel des Salute hervor, rötlich und hellviolett (...).«
Wir sehen von hier aus auf die Autostraße, die das Tal durchschneidet und deren Verkehrsrauschen man bei entsprechend ungünstiger Windrichtung vernehmen kann. In der Ferne erblicken wir das ausufernde Häusermeer an den Randzonen Luganos. Das schmälert sicher nicht den Text jener Landschaftsbeschreibung, rückt aber die Perspektive beim Lesen unvermittelt in die heutige Gegenwart zurück. Jene Realität blieb dem Verfasser dieser Zeilen nicht verborgen, als er 1924 schrieb:
»Ich liebe sie, diese Landschaft; ohne mich gegen den ›Fortschritt‹ irgend zu wehren (...), bedaure ich im Herzen doch jede neue Autostraße, jeden Betonbau, jeden korrigierten Lineal-Flußlauf, jeden eisernen Leitungsmast (...)«, denn »(...) auch hier geht es zu Ende mit dieser alten Welt, es wird hier bald vollends die Maschine über die Hand, das Geld über die Sitte, die rationelle Wirtschaft über die Idylle siegen mit gutem Recht, mit gutem Unrecht.«

Der Fußweg bringt uns in knapp fünfzehn Minuten talabwärts auf die Straße Via Collina d'Oro nach Gentilino. Wir sehen die Kirche S. Abbondio, zu der ein wunderschöner Weg mit hochaufragenden Zypressen führt. Links, etwas abseits der Kirche gelegen, schaut man auf ein freistehendes Wohnhaus, zu dem von der Hauptstraße eine kleine Zufahrtsstraße geht. Hier verlebte der schwerkranke Hugo Ball 1927 seine letzten Wochen. Ball, mit Hermann Hesse eng befreundet, hatte gerade die erste Biographie über ihn herausgebracht.

»Er freut sich darüber, daß sein Buch über mich fast überall gut aufgenommen wird«, schrieb Hesse in einem Brief, aber Hugo Ball »(...) weiß noch nichts über die Schwere seines Leidens, das nach medizinischen Begriffen hoffnungslos ist.«

Hugo Ball war in jenem Jahr unheilbar erkrankt. Nach einer kurzen Zwischenstation in einem Züricher Krankenhaus brachte man ihn in das Haus hinter der Kirche von Gentilino. Noch im Hospital entstanden jene ahnungsvollen Zeilen, die seine Frau Emmy Hennings-Ball in *Ruf und Echo* überlieferte:

»Es wird ein Mann begraben.
Es ist der gute Mond.
Es steht eine Trauerversammlung
Vor dem Hause, wo er wohnt.

Das ist ein mystisch Gebäude
Mit Kammern und Räumen gar viel,
Mit Zeichen und Wandfiguren
Im Pyramidenstil.

Des Mondes verwaiste Töchter
Eilen mit Salben und Wein.
Die Rosen in ihren Händen
Können nicht bleicher sein.

Es setzt sich der Zug in Bewegung
Und steigt immer höher hinan,
Wie so der Mond im Bogen
Steigen und leuchten kann.

Ich stehe blaß erstaunet
Und doch betrübt dabei.
Mich dünkt, daß ein sehr lieber
Freund mir gestorben sei.

Bin ich's am Ende selber?
Ich weiß und weiß es nicht.
Der Abgeschiedene lächelt
Mir zu im Dämmerlicht.

Der Tote geht mir nahe.
Es tut mir von Herzen leid,
daß ich es erst jetzt erkenne
Bei seinem Sterbegeleit.

Ich möchte gar manches wissen
Von seiner Wesensart.
Nun ist er mir entrissen,
Und alles ist zu spat.«

Der Kontakt zwischen Emmy Ball-Hennings und Hermann Hesse, der sie vielfach unterstützte, blieb auch nach dem Tode Hugo Balls bestehen. Auf dem Friedhof von Gentilano befinden sich ihre Gräber. Nicht selten sieht man Reisebusse auf dem Parkrand, deren Gäste wohl eher auf der Suche nach dem Grab Hesses sind. Man findet es auf der rechten Seite des Friedhofs, von dem der Schriftsteller hoffte, daß seine Erde ihn »freundlich beherbergen« möchte. Für Ortsunkundige ist die Suche nicht selten mit Verwechslungen verbunden. Manch ein Hesse-Pilger steht andächtig am falschen Grabstein, der nur mit einem schlichten Namenszug »Hermann« beschriftet ist. Ein paar Schritte weiter finden wir schließlich auf der rechten Seite die richtige Stelle. Hesses Frau Ninon, die 1966 starb, liegt an seiner Seite. Das Grab Hugo Balls und seiner Familie befindet sich auf der gegenüberliegenden, der linken Seite des Friedhofs.

Auch Bruno Walter, der ehemalige Dirigent des Leipziger Gewandhausorchesters, der später in die Vereinigten Staaten emigrierte, fand hier seine letzte Ruhestätte. Im Tessin hielt er sich bereits in den dreißiger Jahren mit seiner Familie auf. Die Region schätzte er, auch weil die Dörfer »(...) so malerisch italienisch und zugleich so ordentlich und behaglich schweizerisch waren«.

Am Luganer See hatte die Familie ein Haus, »(...) wo uns der Frühstückstisch bei einem schönen alten Mimosenbaum vereinte, der die Ecke des Hauses umklammerte. (...) in dem schönen Hause verlebten wir die letzten Zeiten vergleichsweiser Ruhe, die uns vergönnt waren, und ich glaube, wir genossen sie so tief, weil ein Gefühl des Abschieds die Stille jener Tage verklärte«.

Nach dem Einmarsch der deutschen Truppen in Polen 1939 fühlte sich Walter offenbar auch am Luganer See nicht mehr sicher: »Ich weiß aus jener Zeit nicht mehr, als daß wir von unserer grauenvollen Rückkehr nach Lugano an nur fühlten: fort von hier.« Der international bekannte Dirigent bemühte sich um die Auflösung seiner Konzertverträge in Europa und kehrte dem alten Kontinent den Rücken. Walter starb 1962 in Beverly Hills.

Ausflug nach Rovio

»An einem Berghang oberhalb des Luganer Sees ist unter vielen anderen auch ein kleines Bergnest zu finden, das man auf einer steilen, in Serpentinen verlaufenden Bergstraße in etwa einer Stunde, vom Seeufer aus gerechnet, erreichen kann.« So beginnt Gerhard Hauptmann seine Erzählung *Der Ketzer von Soana*. Wir wollen uns das kleine Bergdorf etwas genauer betrachten. Gemeint ist Rovio, ein kleiner Ort am südlichsten Arm des Luganer Sees und am Fuß des Monte Generoso gelegen, der mit seinen 1704 Metern Höhe den Gipfel der gewaltigen Bergkulisse bildet. Wir erreichen das Dorf mit dem Regionalzug Richtung Chiasso, der uns bis Maroggia-Melano bringt. Von dort geht es dann zu Fuß oder mit dem Postbus weiter. Mit dem Wagen fährt man auf der Autobahn, die in Richtung Mendrisio führt.
Der Bau von Verkehrsstraßen, die das Tessin mit Italien verbinden, hinterließ in dieser Gegend sichtbare und hörbare Spuren. »Sobald ich von der Arbeit kam, verkroch ich mich in den Büschen, die am weitesten von dem Verkehrschaos entfernt waren, zu dem sich das ganze Mendrisiotto allmählich entwickelte. (...) Die Autos waren unser täglich Brot, für uns aus dem Mendrisiotto, zu jeder Tages- und Nachtzeit: Nachts pfiffen sie auf der Autobahn vorbei und tagsüber stauten sie sich flächendeckend am Zoll, an den Tankstellen, vor den Geschäften«, so die wenig anheimelnde Beschreibung des Tessiner Autors Mario Giudici, mit der er in der Kurzgeschichte *Geflüster* seine eigene Lebensumgebung beschreibt.
Rovio liegt mit 465 Metern Höhe zu unserem Glück oberhalb der Verkehrslawinen. »Die Häuser des Ortes, die, wie

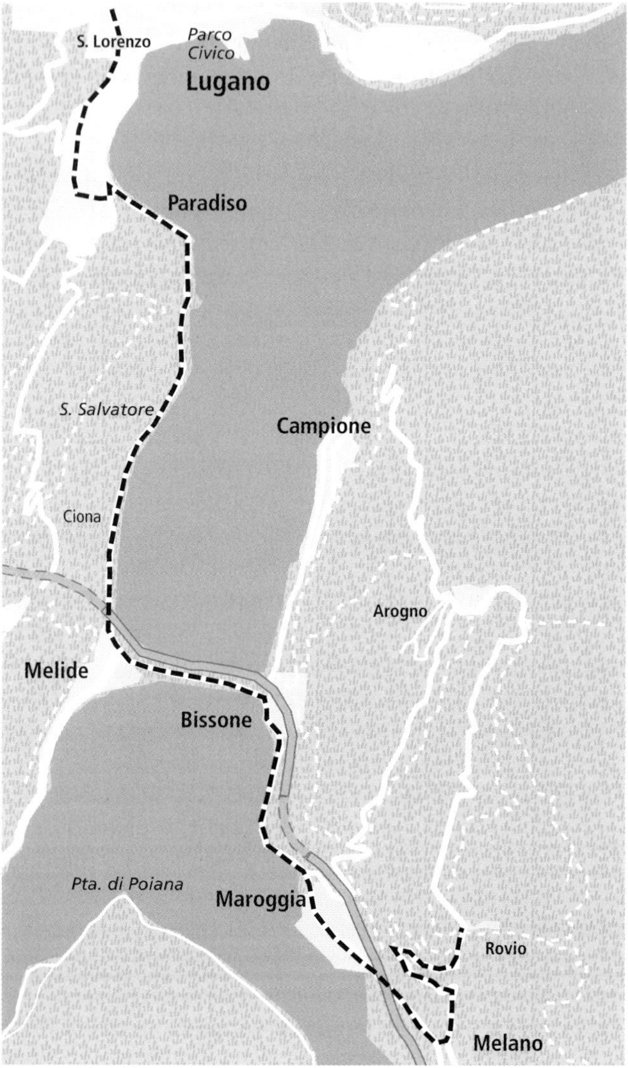
S. Lorenzo
Parco
Civico
Lugano
Paradiso
S. Salvatore
Campione
Ciona
Arogno
Melide
Bissone
Pta. di Poiana
Maroggia
Rovio
Melano

an den meisten italienischen Plätzen der Umgegend, eine einzige, ineinandergeschachtelte graue Ruine aus Stein und Mörtel sind, kehren ihre Fronten einem schluchtähnlichen Tale zu, das von den Augen und Terrassen des Flekkens und gegenüber von einem mächtigen Abhang des überragenden Bergriesen Monte Generoso gebildet wird«, soweit Gerhart Hauptmann.

Mit dieser Aussicht starten nicht wenige Besucher des Dorfes zu einer Wanderung zum Monte Generoso. Wir bleiben aber noch ein wenig in dem Ort, den Gerhart Hauptmann als Schauplatz seiner Geschichte ausgewählt hat:

»Ich sagte schon, daß ein wirklicher Vorfall den Anlaß für mein Geschreibsel gegeben hat (...). Man hat vor etwa sechs Jahren einen Geistlichen mit Stockschlägen und Steinwürfen, buchstäblich genommen, vom Altar fort aus der Kirche gejagt. Es wurde mir jedenfalls (...) von so vielen Leuten erzählt, daß ich an dem Geschehnis selbst nicht zweifle.«

Was war passiert? Ein junger Priester, der in das kleine Dorf versetzt wurde, erlangte mit seiner Frömmigkeit und Lebensführung bald den Ruf eines Heiligen. Durch die Bekanntschaft mit einem jungen Mädchen geriet sein religiös und asketisch geprägtes Lebensbild aus den Fugen. Eine bislang noch ungekannte Welle sinnlicher Sehnsüchte überschwemmte die Phantasie des jungen Mannes und überspülte seine in Selbstkontrolle geübten Denk- und Verhaltensweisen. Um der verbotenen Liebe nah zu sein, machte er sich auf den Weg zu der unzugänglichen Heimstätte der Familie, die ihn auf eine abgelegene Alp auf den Höhen des Monte Generoso führte:

»Zum ersten Mal fühlte der junge Priester Francesco Vela eine klare und ganz große Empfindung vom Dasein durch sich hindurchbrausen, die ihn augenblicklich vergessen ließ, daß er ein Priester und weshalb er gekommen war. All seine Begriffe von Frömmigkeit, die mit einer Menge von kirchlichen Regeln und Dogmen verflochten waren, hatte diese Empfindung nicht nur verdrängt, sondern ausgelöscht. Er vergaß jetzt sogar, das Kreuz zu schlagen. Unter ihm lag das schöne Luganer Gebiet der oberitalienischen Alpenwelt, lag Sant' Agata mit dem Wallfahrtskirchlein, über dem noch immer die braunen Fischräuber kreisten, lag der Berg San Giorgio, tauchte die Spitze des Monte San Salvatore auf, und endlich lag in schwindelerregender Tiefe unter ihm, in die Täler des Gebirgsreliefs wie eine längliche Glasplatte sorgfältig eingefaßt, der Capolago genannte Arm des Luganer Sees mit dem segelnden Boot eines Fischers darauf, das einer winzigen Motte auf einem Handspiegel glich.«

Der junge Priester machte sich mehr als einmal auf den Weg:

»Es waren tiefe und mystische Kräfte, die dem Priester Francesco den Star gestochen hatten. Aber die Folie dieses Erlebnisses war der ihn uneingestandenermaßen beglükkende Umstand, daß er vier köstliche Stunden vor sich sah, die ein Wiedersehen mit dem armen, verfemten Hirtenmädchen in sich schlossen.«

Die Geschichte konnte nicht gutgehen. Die sozialen Kontrollmechanismen der kleinen Berggemeinde funktionierten und wiesen den folgenden Ereignissen ihren Weg. Der Priester wurde von den Dorfbewohnern mit Steinen aus der Kirche getrieben und schließlich vom Papst exkommuniziert. Manches aus der Erzählung findet man im Dorf wieder, so die römischen Sarkophage, die heute als Brunnen dienen und in denen die Mütter in Hauptmanns Geschichte »Wäsche wuschen und in Körben zum Trocknen davontrugen«.

Der Autor hat sich mehrmals in den zwanziger Jahren im Tessin aufgehalten. Auch weilte er mehrfach im Hotel Monte Generoso.

Unweit des Dorfes befindet sich auf einer Anhöhe ein architektonisches Juwel: die Kirche San Vigilio, eine Saalkirche aus dem 11. Jahrhundert. Sehenswert ist das Innere der Kirche mit ihren mittelalterlichen Fresken im Chor. Von Rovio aus gibt es recht hübsche Wanderwege zu entdekken, die immer wieder zu Aussichten in die Umgebung führen. Für konditionsstarke Wanderer empfiehlt sich auch der krönende, aber kräftezehrende Aufstieg zum Monte Generoso, der heute zu den beliebtesten Ausflugszielen gehört.
Zur Mitte des 19. Jahrhunderts war der Berg den zeitgenössischen Reisehandbüchern kaum eine Notiz wert, und die Tessiner besaßen ihrerseits kaum Ehrgeiz, den Berg wandernd zu entdecken. Das stellte auch Eduard Osenbrüggen noch 1877 fest: »Die Tessiner setzen im Ganzen keinen Ruhm darin Montanisten zu sein«, und mutmaßte, daß der Berg innerhalb weniger Jahre die Eifersucht des Rigi erregen würde, »wenn die Tessiner jene Aufmerksamkeit und gewerblustige Berechnungskunst der deutschen Schweizer besässen, die für Schirm, Bequemlichkeit und gesellige Freuden der Lustreisenden selbst (...) höhere Berge mit wirthlichen Gebäuden versehen«.
Das änderte sich schnell; bereits einige Jahre später gab es einen Gasthof mit bestem Ausblick auf die Landschaft des Luganer Sees. 1867 wurde das Hotel Bellavista für die noch spärliche Zahl der Alpinisten gebaut. Die Bergspitze konnte nur per pedes erreicht werden, aber auch das hat sich geändert. Seit dem Ende des 19. Jahrhunderts fährt eine Zahnradbahn von Capolago auf die 1704 Meter hoch

gelegene Bergstation »Vetta«. Die Fahrtzeit beträgt vierzig Minuten.

Ausflug am Ufer des Luganer Sees über Castagnola · Brè · Gandria

Für einen Ausflug in Richtung Gandria benutzt man von Lugano aus den Bus von der Poststation in der Via Balestra. Der sogenannte Palm Express fährt über Cassarate in Richtung Castagnola an der Uferstraße entlang, wo wir uns an den Aufenthalt von Thomas Mann zu Beginn des Jahres 1933 erinnern. Im Hotel Castagnola logierte er nach einer Vortragsreihe zu Richard Wagner, die ihn, von München aus über Amsterdam, Brüssel und Paris, schließlich an den Luganer See führte. Ein Erholungsurlaub in Arosa sollte sich nach der Arbeitsreise anschließen, als er dort die beunruhigenden Nachrichten nationalsozialistischer Übergriffe erhielt. Freunde rieten ihm, vorerst nicht nach München zurückzukehren.

»Dies provisorische und ungewisse Reise-Dasein bei feindselig und tückisch bedrohlich verschlossener Heimat geht weiter«, ist in seinen *Tagebüchern* am 27. März 1933 zu lesen.

Als er diese Zeilen schrieb, zählte er bereits den dritten Tag seines Aufenthaltes in der Nähe von Lugano, der im Hotel Bellevue in Montagnola begann.

»Das Hotel durchaus sympathisch, mit schönem Blick, in

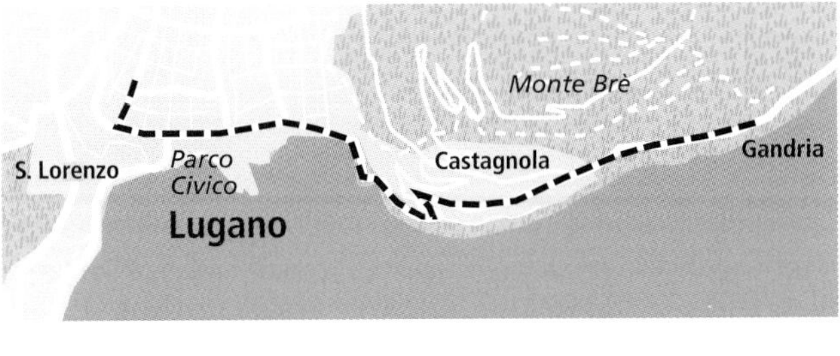

naiv italienischem Stil geführt, aber mich beklemmend durch Abgelegenheit, Primitivität, Kümmerlichkeit. Meine Nerven reagieren sofort mit Beängstigung, und es war gut, daß wir gleich den ersten Abend bei Hesses verbrachten, in dem schönen, eleganten Hause, das ihnen der Zürcher Bodmer geschenkt.«

Nach den ersten Nächten in Montagnola folgte der Umzug ins Hotel Villa Castagnola am Luganer See. Thomas Mann traf mehrmals mit Hermann Hesse in der Casa Camuzzi zusammen. Auch die »Sorge um meine Unlust zur Fortsetzung des Josephs« beschäftigte ihn in diesen Tagen, in denen er fast täglich mit neuen Nachrichten über nationalsozialistische und vor allem antisemitische Gewaltaktionen konfrontiert wurde.

Besondere Sorge galt seinen persönlichen Unterlagen, die sich mit seinen Tagebüchern noch im Münchener Wohnhaus befanden. Seinen Sohn Golo, der als einziger der Familie dort zunächst zurückgeblieben war, bat er, die Unterlagen sicherzustellen und nach Lugano bringen zu lassen. Golo Mann berichtet in seinen *Erinnerungen und Gedanken*:

»In einem Brief hatte Thomas Mann mich gebeten, ihm einige Bündel von Notizen sowie eine Anzahl von Wachstuchheften, die sich da und da in seinem Arbeitszimmer befanden, in einem Handkoffer als Frachtgut nach Lugano zu schicken. ›Ich rechne auf deine Diskretion, daß du nichts von diesen Dingen lesen wirst.‹ Eine Ermahnung, die ich so ernst nahm, daß ich mich in seinem Zimmer einschloß, während ich die Papiere verpackte. Als ich mit dem Koffer heraustrat, um ihn zum Bahnhof zu bringen, stand da der treue Hans: gerne werde er mir diese lästige Arbeit abnehmen. Desto besser, warum nicht? Aber der Koffer kam nicht an und war drei Wochen später immer

noch nicht angekommen; worüber mein Vater in wachsende Ungeduld, zuletzt geradezu in Verzweiflung geriet.«
Golo Mann übergab am 10. April dem Chauffeur der Familie Hans Holzner den Koffer, der sich anbot, ihn per Eilfracht nach Lu gano zu schicken. Dieser hatte, nach den Erinnerungen Thomas Manns, pflichtbewußt nichts Besseres im Sinn, als den Koffer direkt bei der Gestapo abzugeben, weil er annahm, daß politische Papiere zu dessen Inhalt gehörten.
»Daß Chauffeur Hans die Anzeige wegen des Koffers erstattet hat, steht nun fest; das Bekanntwerden der Sendung im Braunen Hause u. bei der Pol. Polizei wäre sonst nach Aussage der Spediteure ganz unerklärlich. Elender Bursche«, schrieb Thomas Mann wenige Wochen später bereits in Frankreich zu der Kofferaffäre.Zu diesem Zeitpunkt befanden sich die Tagebücher bereits wieder in seinen Händen. Über einen Rechtsanwalt war es Thomas Mann gelungen, den Koffer als gestohlenes und nicht beschlagnahmtes Gut aus Deutschland herauszuholen.
Es lohnt sich, bis Gandria weiterzufahren, denn es ist ein bezaubernder Ort mit terrassenförmig angelegten Häusern am Seeufer, aus denen die Kirche S. Vigilio herausragt. Von hier hat man die Möglichkeit, auf den Monte Bré zu wandern, der sich über dem Dorf erhebt. Auch existiert ein Schiffsanleger, von dem aus Schiffe den Luganer See befahren und auch am gegenüberliegenden Ufer anlegen. Dort befinden sich unterhalb des Monte Caprino Felsgrotten, in denen Weine gelagert sind und die Besuchern auch zur Beköstigung bereitstehen. Mit dieser letzten Station endet für die Leser leider unsere literarische Begleitung. Für die Zeit zwischen den Orten empfiehlt der Autor einen Blick auf die Bibliographie, mit der die Reise natürlich auch zu Hause fortgesetzt werden kann.

Serviceteil

Museen

Ascona:
Museo Casa Anatta, Monte Verità
Tel.: 00 41-91-7 85 40 41
Öffnungszeiten: April bis Oktober: Di bis So 14.30-18 Uhr, Juli-August 15-19 Uhr

Museo Communale d'Arte Moderna, Via Borgo 34
Tel.: 00 41-91-7 80 51 00
Öffnungszeiten: März bis Dezember: Di bis Sa 10-12 Uhr/ 15-18 Uhr, So und feiertags 16-18 Uhr

Museo Epper, Via Albarelle 14
Tel.: 00 41-91-7 91 19 42
Öffnungszeiten auf Anfrage

Bellinzona:
Museo Castelgrande, Kunsthistorisches und archäologisches Museum
Tel.: 00 41-91-8 25 81 45
Öffnungszeiten: Mo bis So 10-18 Uhr

Brissago:
Botanischer Garten/Isole di Brissago
Tel.: 00 41-91-7 91 43 61
Öffnungszeiten: 21. März bis 23. Oktober: tägl. 9-18 Uhr

Cevio/Maggia-Tal:
Museo di Valmaggia
Tel.: 00 41-91-7 54 13 40
Öffnungszeiten: Di bis Sa 10-12 Uhr/14-18 Uhr,
So 14-18 Uhr

Intragna/Centovalli:
Museo Regionale delle Centovalli e del Pedemonte
Tel.: 00 41-91-7 96 25 77
Öffnungszeiten: Ostern bis Ende Oktober: Di bis So 14-18 Uhr

Locarno:
Museo Civico, Castello Visconteo, Piazza Castello
Tel.: 00 41-91-7 56 31 80
Öffnungszeiten: Di bis So 10-12 Uhr/14-17 Uhr

Palazzo Casorella:
Via B. Rusca 5
Tel.: 00 41-91-7 56 31 73
Öffnungszeiten: Di bis So 10-12 Uhr/14-17 Uhr

Casa Rusca:
Städtische Pinakothek, Piazza S. Antonio
Tel.: 00 41-91-7 56 31 85
Öffnungszeiten: Di bis So 10-12 Uhr/14-17 Uhr

Loco:
Museo Onsernonese
Tel.: 00 41-91-7 97 10 70
Öffnungszeiten: April bis Oktober: Di bis So 14-17 Uhr

Lugano:
Museo Cantonale d'Arte, Via Canova 10
Tel.: 00 41-91-9 10 47 80
Öffnungszeiten: Mi bis So 10-17 Uhr/Di 14-17 Uhr

Montagnola:
Museo Hermann Hesse/Torre Camuzzi
Tel.: 00 41-91-9 93 37 70/71
Öffnungszeiten: März bis Oktober: Di bis So 10-12.30 Uhr/
14 bis 18.30 Uhr
Öffnungszeiten November bis Februar: Sa bis So 10-12.30 Uhr/
14 bis 18.30 Uhr

Orselina:
Museo Madonna del Sasso/Casa del Padre
Tel.: 00 41-91-7 43 62 65
Öffnungszeiten: nur nach Vereinbarung

Theater

Teatro Dimitri:
Verscio
Tel.: 00 41-91-7 96 25 44
Öffnungszeiten: Mo bis Fr 9-12 Uhr/14-17 Uhr

Tourismus-Information

Ascona: Tourist-Information, Viale Papio 5
Tel.: 00 41-91-7 91 00 91

Bellinzona: Tourismus-Information, Palazzo da Posta, Viale Stazione 18
Tel.: 00 41-91-8 25 21 31

Locarno: Tourismus-Information, Via B. Luini 3
Tel.: 00 41-91-7 91 00 91

Lugano: Tourist-Information, Piazza della Riforma
Tel.: 00 41-91-9 13 32 32

Bergbahnen

Locarno: Locarno-Orselina
Tel.: 00 41-91-7 51 11 23
Fahrtzeiten zwischen 7 und 20 Uhr alle fünfzehn Minuten

Orselina-Cimetta:
Tel.: 00 41-91-7 35 30 30
Fahrtzeiten von März-November

Luganer See: Capolago-Monte Generoso
Tel.: 00 41-91-6 48 11 05
Fahrtzeiten von März bis November

Schiffsverkehr Lago Maggiore: Anlegestelle von Locarno, Lungolago Motta, Debarcadero Locarno

Schiffsverkehr Lugano: Anlegestelle von Lugano, Debarcadero Centrale

Literaturverzeichnis

Allenbach, Beat: Tessin. Bilder eines Lebensraumes. Werd Verlag, Zürich 1999.

Almquist, Paula: Ascona. Eine fatale deutsche Liebe. In: Tessin. Hoffmann und Campe Verlag, Hamburg 1996. Mit freundlicher Genehmigung der Jahreszeiten Verlag GmbH, Syndicaction, Hamburg.

Andersch, Alfred: Café (Bellinzona). In: Gesammelte Werke. Band 6. Copyright © 2004 Diogenes Verlag AG Zürich.

Andersch, Alfred. »... einmal wirklich leben.« Ein Tagebuch in Briefen an Hedwig Andersch. 1943-1975. Herausgegeben von Stephan Winfried. Diogenes Verlag, Zürich 1986.

Architekturführer Tessin und Lombardei. Die neuen Bauten. Verlag Gerd Hatje, Stuttgart 1977.

Arp, Hans: Die Metamorphose der Figur. VG Bild-Kunst, Bonn und Genf 1991.

– Unsern täglichen Traum. Arche Verlag, Zürich 1955.

– Gesammelte Gedichte III. Gedichte 1957-1966. Hg. von Aimée Bleikasten. © 1984 by Verlags AG Die Arche, Zürich.

Bachmann, Dieter: Das andere Leben. In: Tessin. Hoffmann und Campe Verlag, Hamburg 1983.

Baedeker, Karl: Die Schweiz nebst den angrenzenden Theilen von Oberitalien, Savoyen und Tirol. Handbuch für Reisende. Leipzig 1877.

Ball, Hugo: Sämtliche Werke und Briefe. Band 6: Die Flucht aus der Zeit. © Wallstein Verlag, Göttingen.

Ball-Hennings, Emmy: Die Sonne im südlichen Tessin. In: Geliebtes Tessin. Arche Verlag, Zürich 1976.

– Ruf und Echo. Mein Leben mit Hugo Ball. Suhrkamp Verlag Frankfurt am Main 1990.

– Hugo Ball. Sein Leben in Briefen und Gedichten. S. Fischer Verlag, Berlin 1929.

Bauschinger, Sigrid: Else Lasker-Schüler. Biographie. Wallstein Verlag, Göttingen 2004.

Beerli, Andre: Tessin: Unbekannte Schweiz. Herausgegeben vom Touring Club der Schweiz, o. J.

Bentzien, Hans: Claus Schenk Graf von Stauffenberg. Der Täter und seine Zeit. Das Neue Berlin Verlagsgesellschaft mbH, Berlin 2004.

Berlepsch, Hermann Alexander von: Die Gotthard-Bahn und die italienischen Seen. Ein Reisehandbuch. Zürich 1883.

Bianconi, Piero: Der Stammbaum. Eine Tessiner Chronik. Werner Classen Verlag, Zürich und Stuttgart 1971.

Bitterli, Urs: Golo Mann. Instanz und Außenseiter. Verlag Neue Zürcher Zeitung, Zürich 2004.

Bolius, Gisela: Lisa Tetzner. Leben und Werk. clipa-Verlag, Frankfurt am Main 1997.

Bonstetten, Viktor von: Briefe über die italienischen Ämter. 3. Teil. Edizioni San Pietro, Ascona 1982.

Brecht, Bertolt: Flüchtlingsgespräche. Suhrkamp Verlag Frankfurt am Main1998.

– Briefe 1. Suhrkamp Verlag Frankfurt am Main 1998.

Broggini, Romano: Anarchie und Befreiungsbewegungen um 1870 in der Gegend von Locarno. Zitiert nach: Monte Verità. Brüste der Wahrheit. Ausstellungskatalog. Herausgegeben von Harald Szeemann. Elekta Editrice, Milano 1979.

Canetti, Elias: Das Augenspiel. Lebensgeschichte 1931-1937. © 1985 Carl Hanser Verlag, München-Wien 1985.

Eliade, Mircea: Im Mittelpunkt. Bruchstücke eines Tagebuches. Europa Verlag, Wien 1977.

Ellmann, Richard: James Joyce. Suhrkamp Verlag Frankfurt am Main 1959.

Eranos Jahrbuch 1933. Rhein-Verlag, Zürich 1934.

Eranos Jahrbuch 1975. E. J. Brill, Leiden 1977.

Erlay, David: Heinrich Vogeler und sein Barkenhoff. Verlag Atelier im Bauernhaus, Fischerhude 1979.

Fäthke, Bernd: Marianne Werefkin. Hirmer-Verlag, München 2001. Mit freundlicher Genehmigung von Bernd Fäthke.

Flach, Jakob: Ascona gestern und heute. Werner Classen Verlag, Zürich/Stuttgart 1971.

Frisch, Max: Montauk. Suhrkamp Verlag Frankfurt am Main 1976.
– Tagebuch 1966-1971. Suhrkamp Verlag Frankfurt am Main 1972.
– Der Mensch erscheint im Holozän. Suhrkamp Verlag Frankfurt am Main 1979.
– Über Alfred Andersch. Herausgegeben von Gerd Haffmans. Diogenes Verlag, Zürich 1980.
Füesslin, Johann Conrad: Staats- und Erdbeschreibung der schweizerischen Eidgenossenschaft. 4 Theile. Schaffhausen 1770-1772.
Geelhaar, Christian: Paul Klee und das frühe Bauhaus. DuMont Verlag, Köln 1972.
Giudici, Mario: Geflüster. In: Die Schweiz erzählt. Fischer Taschenbuch Verlag, Frankfurt am Main 1998.
Glauser, Friedrich: Dada, Ascona und andere Erinnerungen. Verlag Die Arche, Zürich 1976.
– Gesprungenes Glas. Das erzählerische Werk. Band 4: 1937-1938. © Limmat Verlag, Zürich 1993.
Goethe, Johann Wolfgang: Tagebuch der ersten Schweizer Reise 1775. Insel Verlag Frankfurt am Main 1980.
Goll, Claire: Ich verzeihe keinem. Droemersche Verlagsanstalt Th. Knaur Nachf., München 1999.
Greenlaw, Lavinia: Englische Ansichten der Berge. In: Neue Zürcher Zeitung Nr. 30, 5./6. 2. 2005.
Grohmann, Adolf Arthur: Die Vegetarier-Ansiedlung in Ascona und die sogenannten Naturmenschen im Tessin. Faksimile-Neudruck der Erstausgabe 1904. Edizioni della Rondine, Ascona 1997.
Gschwend, Max: Das Val Verzasca. H. R. Sauerländer & Co., Aarau 1946.
Hardmeyer, J.: Locarno und seine Thäler. Faksimile-Ausgabe. Verlag Hans Rohr, Zürich 1979.
Hasler, Eveline: Die Erfindung der Liebe. © 2001 Nagel & Kimche im Carl Hanser Verlag, München-Wien.
Hauptmann, Gerhart: Diarium 1917 bis 1933; Des großen Kampf-

fliegers, Landfahrers, Gauklers und Magiers Till Eulenspiegel Abenteuer, Streiche, Gaukeleien, Gesichte und Träume; Der Ketzer von Soana. In: Sämtliche Werke. © 1996 Propyläen Verlag in der Ullstein Buchverlage GmbH, Berlin.

Hepp, Michael: Kurt Tucholsky. Biographische Annäherungen. Rowohlt Verlag, Reinbek bei Hamburg 1993.

Hesse, Hermann: Tessin. Suhrkamp Verlag Frankfurt am Main 1990.

– Gesammelte Werke. Band 6. Suhrkamp Verlag Frankfurt am Main 1970.

– Gesammelte Schriften. Band 4. Suhrkamp Verlag Frankfurt am Main 1987.

– Gesammelte Briefe. Band 2: 1922-1935. Herausgegeben von Ursula und Volker Michels. Suhrkamp Verlag Frankfurt am Main 1979.

– Klingsors letzter Sommer. Suhrkamp Verlag Frankfurt am Main 1978.

Highsmith, Patricia: Untergetaucht im Tessiner Winter. In: Tessin. Merian Nr. 7, Jahrgang 36. Hoffmann und Campe Verlag, Hamburg 1983. Mit freundlicher Genehmigung der Jahreszeiten Verlag GmbH, Syndicaction, Hamburg.

Hofmann-Oedenkoven, Ida: Monte Verità. Wahrheit ohne Dichtung. Zitiert nach: Monte Verità. Brüste der Wahrheit. Ausstellungskatalog. Herausgegeben von Harald Szeemann. Elekta Editrice, Milano 1979.

Huch, Ricarda: Michael Bakunin und die Anarchie. Insel Verlag Leipzig 1924.

Kafka, Franz: Reisetagebücher. Fischer Taschenbuch Verlag, Frankfurt am Main 1994.

Kamber, Peter: Geschichte zweier Leben. Wladimir Rosenbaum. Aline Valangin. © Limmat Verlag, Zürich 1990.

Kästner, Erich: Briefe an die Doppelschätze. Arche Verlag, Zürich-Hamburg 1965.

– Der kleine Mann. Verlag Dressler, Berlin 1963.

– Der kleine Mann und die kleine Miss. Verlag Dressler, Berlin 1967.

– Begegnung mit Tucho. Nachwort in: Kurt Tucholsky, Gruß nach vorn. Eine Auswahl. Herausgegeben von Erich Kästner. Rowohlt Verlag, Berlin 1948. © Atrium Verlag, Zürich, und Thomas Kästner.

Kessler, Harry Graf: Tagebücher 1918 bis 1937. Herausgegeben von Wolfgang Pfeiffer-Belli. Insel Verlag Frankfurt am Main und Leipzig 1996.

Klee, Paul: Briefe an die Familie. Band 2: 1907-1940. DuMont Verlag, Köln 1979.

Kutter, Markus: Die Schweizer und die Deutschen. Fischer Taschenbuch Verlag, Frankfurt am Main 1997.

Landmann, Robert: Ascona, Monte Verità. Benziger Verlag, Zürich/Köln 1979.

Lasker-Schüler, Else: Das Hebräerland. Oprecht Verlag, Zürich 1937.

Lehning, Arthur: Unterhaltungen mit Bakunin. Greno-Verlag, Nördlingen 1987.

Lissitzky, El. Maler. Architekt. Typograf. Fotograf. Erinnerungen. Briefe. Schriften. Herausgegeben von Sophie Lissitzky-Küppers. Verlag der Kunst, VEB, Dresden 1980.

Ludwig, Emil: Geschenke des Lebens. Ernst Rowohlt Verlag, Berlin 1931. Mit freundlicher Genehmigung von Gordon Ludwig.

Mann, Golo: Erinnerungen und Gedanken. Eine Jugend in Deutschland. © S. Fischer Verlag GmbH, Frankfurt am Main 1986.

Mann, Thomas: Tagebücher 1933-1934. Herausgegeben von Peter de Mendelssohn. © S. Fischer Verlag GmbH, Frankfurt am Main 2003.

Manz, Hanspeter: Sieben Geschichten von der Ars Moriendi. Pendo Verlag, Zürich 1996. Mit freundlicher Genehmigung von Hanspeter Manz.

Matthisson, Friedrich: Reisetagebuch. 13.-16. September 1795. Auszug, in: Bonstettiana. Briefkorrespondenzen Karl Viktor von Bonstettens und seines Kreises. Herausgegeben von Doris und Peter Walser-Wilhelm. Verlag Peter Lang, Bern 1998.

Meyer, Johann Heinrich: Malerische Reise in die italienische Schweiz. Orell, Zürich 1798.
Mittenzwei, Werner: Exil in der Schweiz. Reclam Verlag, Leipzig 1978. Mit freundlicher Genehmigung von Werner Mittenzwei.
– Das Leben des Bertolt Brecht oder Der Umgang mit den Welträtseln. Aufbau Taschenbuch Verlag, Berlin 1997.
Mondada, Giuseppe: Die Brissago-Inseln in Vergangenheit und Gegenwart. Verlag Armando Dadò, Locarno 1975.
Mühsam, Erich: Ascona. Eine Broschüre. Faksimile-Ausgabe. Verlag Klaus Guhl, Berlin 1982.
– Ascona und Wiedersehen mit Ascona. Sanssouci Verlag, Zürich 1979.
Muschg, Adolf: Der St. Gotthard und sein Teufel. In: Tessin. Hoffmann und Campe Verlag, Hamburg 1996.
Nietzsche, Friedrich: Sämtliche Briefe. Kritische Studienausgabe. Herausgegeben von Giorgio Colli und Mazzino Montinari. Deutscher Taschenbuch Verlag, de Gruyter, München/Berlin/New York 1986.
Oppenheimer, Wolfgang: Das Refugium. Erinnerungen an Ascona. © 1998 by Universitas Verlag in der F. A. Herbig Verlagsbuchhandlung GmbH, München.
Orelli, Giorgio: Die Freuden der Kleinstadt. In: Tessin. Merian Nr. 7, Jahrgang 36. Hoffmann und Campe Verlag, Hamburg 1983. Mit freundlicher Genehmigung der Jahreszeiten Verlag GmbH, Syndicaction, Hamburg.
Osenbrüggen, Eduard: Der Gotthard und das Tessin mit den oberitalienischen Seen. Benno Schwabe, Verlagsbuchhandlung, Basel 1877.
Ponten, Joseph: Die Luganesische Landschaft. Deutsche Verlags-Anstalt, Stuttgart 1926.
Raymond, Petra: Von der Landschaft im Kopf zur Landschaft aus Sprache. Max Niemeyer Verlag, Tübingen 1993.
Reinhardt, Stephan: Alfred Andersch. Eine Biographie. Diogenes Verlag, Zürich 1990.
Reiseskizzen aus der Schweiz, Savoyen und Italien. Verlag Schmidt und Günther, Leipzig 1875.

Remarque, Erich Maria: Der Funke Leben. Verlag Kiepenheuer & Witsch, Köln 1998.
Remarque, Erich Maria. Ein militanter Pazifist, Texte und Interviews 1929 – 1966. Herausgegeben von Thomas Schneider. Verlag Kiepenheuer & Witsch, Köln 1998.
Reventlow, Franziska zu: Sämtliche Werke in fünf Bänden. Band 4: Briefe. Herausgegeben von Michael Schardt. Igel Verlag Literatur, Oldenburg 2004.
– Der Geldkomplex. Ullstein Verlag, Frankfurt am Main 1987.
Riess, Curt: Ascona. Die Geschichte des seltsamsten Dorfes der Welt. Buchclub Ex Libris, Zürich 1964.
Rilke, Rainer Maria: Briefwechsel mit den Brüdern Reinhart 1919-1926. Insel Verlag Frankfurt am Main 1988.
Rosetti, Santino: Das Tessin im deutschen Schrifttum. Verlag Otto Walter, Olten 1947.
Saner, Gerhard: Friedrich Glauser. Suhrkamp Verlag Frankfurt am Main 1990.
Schank, Stefan: Rainer Maria Rilke in der Schweiz. Eulen Verlag Harald Gläser, Freiburg im Breisgau 2000.
Schiller, Friedrich: Wilhelm Tell. In: Werke und Briefe. Band 5. Herausgegeben von Matthias Luserke. Deutscher Klassiker Verlag Frankfurt am Main 1996.
Schlemmer, Oskar: Briefe und Tagebücher. Hg. von Tut Schlemmer. Deutsche Buch-Gemeinschaft, Berlin/Darmstadt/Wien o. J.
Schmid, Ernst: Lugano und seine Umgebung. Verlag Huber & Co, Frauenfeld 1959.
Schmidt, Günther: Reiseskizzen aus der Schweiz, Savonen und Italien. Leipzig 1875.
Schütte, Wolfgang U.: Von Berlin nach Brissago. Auf den Spuren von Leon Hirsch. Buchverlag Der Morgen, Berlin 1987.
Schütze, Karl-Robert: Charlotte Bara. 1901-1986. Brüssel. Worpswede. Berlin, Ascona. Karl-Robert Schütze Verlag, Berlin 2000.
George, Stefan. Leben und Werk. Eine Zeittafel. Herausgegeben von H. J. Seekamp, R. C. Ockenden, M. Keilson,. Castrum Peregrini Presse, Amsterdam 1972.

Seume, Johann Gottfried: Spaziergang nach Syrakus im Jahre 1802. Insel Verlag Frankfurt am Main und Leipzig 2001.
Spitteler, Carl: Mit der Eisenbahn in das Tessin. In: Gesammelte Werke. Band 8. Artemis Verlag, Zürich 1947.
Sternburg, Wilhelm von: »Als wäre alles das letzte Mal«. Erich Maria Remarque. © 1998, 2000 by Verlag Kiepenheuer & Witsch Köln.
Strindberg, August: Das Märchen vom Sankt Gotthard. Märchen und Fabeln. In: Reise durch die Schweiz. Texte aus der Weltliteratur. Herausgegeben von Heinz Weder. Manesse Verlag, Zürich 1993.
Szeemann, Harald (Hg.): Monte Verità. Brüste der Wahrheit. Ausstellungskatalog. Elekta Editrice, Milano 1979.
Tetzner, Lisa: Die schwarzen Brüder. Carlsen Verlag, Frankfurt am Main und Salzburg 2004. © Patmos Verlag GmbH & Co. KG / Sauerländer Verlag, Düsseldorf.
Tolksdorf, Stefan: Der Klang der Dinge. Paul Klee. Ein Leben. Verlag Herder, Freiburg im Breisgau 2004.
Tucholsky, Kurt: Gruß nach vorn. Eine Auswahl. Herausgegeben von Erich Kästner. Rowohlt Verlag, Berlin 1948.
Vacchini, Livio: Archithese Nr. 6, 16. Jg., Niederteufeln 1986.
Valangin, Aline: Stella und andere Tessiner Erzählungen. © Limmat Verlag, Zürich 2001.
– Dorf an der Grenze. Limmat Verlag, Zürich 1982.
Vogeler, Heinrich: Werden. Erinnerungen mit Lebenszeugnissen aus den Jahren 1923-1942. Herausgegeben von Joachim Priewe und Paul-Gerhard Wenzlaff. Verlag Rütten & Loening, Berlin 1989.
Walter, Bruno: Thema und Variationen. © S. Fischer Verlag GmbH, Frankfurt am Main 1967.
Weiss, Peter: Briefe an Hermann Levin Goldschmidt und Robert Jungk. 1938-1980. Herausgegeben von Beat Mazenauer. Reclam Verlag, Leipzig 1992.
Weiss, Peter. Herausgegeben von Rainer Gerlach. Suhrkamp Verlag Frankfurt am Main 1984.
Weiss, Richard: Die Entdeckung der Alpen. Eine Sammlung

schweizer und deutscher Alpenliteratur bis zum Jahr 1800. Huber Verlag, Frauenfeld/Leipzig 1934.

Wilson, Andrew: Schöner Schatten. Das Leben von Patricia Highsmith. Berlin Verlag, Berlin 2003.

Zeller, Bernhard: Hermann Hesse. Rowohlt Taschenbuch Verlag, Reinbek bei Hamburg 1963.

Zschokke, Heinrich: Die klassischen Stellen der Schweiz. Karlsruhe und Leipzig 1842. Faksimile-Ausgabe. Harenberg Kommunikation, Dortmund 1978.

Bildnachweis:

Celentano / laif: S. 137
Eid / laif: S. 38
Macduff Everton/ Corbis: S. 91
Pieter Jos van Limbergen: S. 4, 16, 59, 75, 82, 101, 148, 188, 205
Michael Peuckert / Agentur Focus: S. 172
Umschlagfoto: Florian Werner / look

Literarische Reisebegleiter im insel taschenbuch

Italien

Dietmar Grieser. Große historische Straßen. Von der Via Appia bis zur Avus. Eine kunsthistorische Spurensuche. Mit Fotografien. it 1974. 130 Seiten

Wilhelm Heinse. Tagebuch einer Reise nach Italien. Mit einem biographischen Essay von Almut Hüfler. Herausgegeben von Christoph Schwandt. Mit zahlreichen Abbildungen. it 2869. 260 Seiten

Mit Hermann Hesse durch Italien. Ein Reisebegleiter durch Oberitalien. Herausgegeben von Volker Michels. it 1120. 215 Seiten

Mit Marie Luise Kaschnitz durch Rom. Herausgegeben von Iris Schnebel-Kaschnitz und Michael Marschall von Bieberstein. Mit Fotografien von Mario Clementi. it 2607. 196 Seiten

Harald Keller. Die Kunstlandschaften Italiens. Mit Abbildungen. it 1576. 1110 Seiten

Literarischer Führer durch Italien. Ein Insel-Reise-Lexikon. Von Doris und Arnold E. Maurer. Mit Abbildungen, Karten und Registern. it 1071. 551 Seiten

Thomas Mann in Venedig. Eine Spurensuche. Von Reinhard Pabst. Mit zahlreichen Abbildungen. it 3097. 250 Seiten

Oberitalienische Seen. Ein literarischer Reisebegleiter. Von Rainer W. Kuhnke. it 2608. 287 Seiten

NF 31/1/3.05

Pompeji und Herculaneum. Ein Reisebegleiter. Herausgegeben von Dieter Richter. it 3099. 200 Seiten

Rom. Ein literarisches Porträt. Herausgegeben von Michael Worbs. Mit farbigen Fotografien. it 2298. 320 Seiten

Alberto Savinio. Capri. Eine Reiseerzählung. Übersetzt und mit einem Nachwort versehen von Martina Kempter. it 2732. 112 Seiten

Johann Gottfried Seume. Spaziergang nach Syrakus im Jahre 1802. Herausgegeben von Jörg Drews. it 2780. 455 Seiten

Sizilien. Literarisches Landschaftsbild. Herausgegeben von Ralf Nestmeyer. Mit Fotografien. it 2637. 220 Seiten

Südtirol. Ein literarisches Landschaftsbild. Herausgegeben von Dominik Jost. Mit Abbildungen. it 1317. 358 Seiten

Im Rosengarten. Eine literarische Spurensuche in Südtirol. Von Dietmar Grieser. Mit Abbildungen. it 2509. 245 Seiten

Toskana. Ein literarisches Landschaftsbild. Herausgegeben von Andreas Beyer. Mit Fotografien von Loretto Buti. it 926. 265 Seiten

Venedig. Ein Reisebegleiter. Herausgegeben von Doris und Arnold E. Maurer. Mit zahlreichen Fotografien. it 3110. 190 Seiten

Edith Wharton. Italien. Reisebilder. Mit einem Nachwort von Hanns-Josef Ortheil. Mit farbigen Abbildungen. it 2731. 224 Seiten

NF 31/2/3.05